RUDOLF STEINER GESAMTAUSGABE
VORTRÄGE

VORTRÄGE VOR MITGLIEDERN
DER ANTHROPOSOPHISCHEN GESELLSCHAFT

# RUDOLF STEINER

# Die Theosophie des Rosenkreuzers

Vierzehn Vorträge, gehalten in München
vom 22. Mai bis 6. Juni 1907

1985

RUDOLF STEINER VERLAG

DORNACH/SCHWEIZ

Nach einer vom Vortragenden nicht durchgesehenen Nachschrift
herausgegeben von der Rudolf Steiner-Nachlaßverwaltung

Die Herausgabe besorgte Paul Gerhard Bellmann

1. Auflage (Zyklus 2), Berlin 1911
2. Auflage (Zyklus 2), Berlin 1929
3. Auflage Dornach 1951
4. Auflage Dornach 1955
5. Auflage, Gesamtausgabe Dornach 1962
6. Auflage (photomechanischer Nachdruck)
Gesamtausgabe Dornach 1979
7. Auflage (photomechanischer Nachdruck)
Gesamtausgabe Dornach 1985

Bibliographie-Nr. 99

Siegelzeichnung auf dem Einband von Rudolf Steiner

ISBN 3-7274-0990-8

Rudolf Steiner schildert in «Mein Lebensgang», wie er um die Jahrhundertwende aufgefordert wurde, vor Mitgliedern der «Theosophischen Gesellschaft» Vorträge zu halten. «Ich erklärte, daß ich aber nur über dasjenige sprechen könne, was in mir als Geisteswissenschaft lebt.» Innerhalb der bald nach Beginn dieser Vorträge gegründeten «Deutschen Sektion der Theosophischen Gesellschaft» «konnte ich nun vor einer sich immer vergrößernden Zuhörerschaft meine anthroposophische Tätigkeit entfalten. *Niemand blieb im Unklaren darüber,* daß ich in der Theosophischen Gesellschaft nur die Ergebnisse meines eigenen forschenden Schauens vorbringen werde». — Die Vorträge im Winter 1900/01 faßte dann Rudolf Steiner in dem Buche zusammen «Die Mystik im Aufgange des neuzeitlichen Geisteslebens». Er hatte darin nur die Ergebnisse seiner Geistesschau gegeben, und in der Theosophischen Gesellschaft wurden diese angenommen. «Es gab für mich keinen Grund mehr, vor dem theosophischen Publikum, das damals das einzige war, das restlos auf Geist-Erkenntnis einging, *nicht in meiner Art* diese Geist-Erkenntnis vorzubringen. Ich verschrieb mich keiner Sektendogmatik; ich blieb ein Mensch, der aussprach, was er glaubte aussprechen zu können ganz nach dem, was er selbst als Geistwelt erlebte.»

Diese Selbständigkeit führte dann — im Zusammenhang mit Verfallserscheinungen in der damaligen Theosophischen Gesellschaft — zum Ausschluß Rudolf Steiners und seiner Freunde im Jahre 1913. «Wir waren genötigt, die Anthroposophische Gesellschaft als selbständige zu begründen.»

Dies zum Verständnis der Ausdrücke «Theosophie» und «theosophisch» in diesen Vorträgen als Ausdruck für die Resultate seines geisteswissenschaftlichen Forschens, für die Rudolf Steiner sonst das Wort «Anthroposophie» und «anthroposophisch» braucht.

# INHALT

Menschen in die physische Welt bei der neuen Geburt. Die erste Zeit nach der Empfängnis und die weitere Ausgestaltung des Menschenkeimes. Das platonische Weltenjahr. Männliche und weibliche Verkörperungen. Das gemeinschaftliche Karma des Menschen.

# ERSTER VORTRAG

München, 22. Mai 1907

Was hier vorgebracht werden soll, das wird in der Ankündigung «Theosophie nach rosenkreuzerischer Methode» genannt. Damit ist gemeint die eine uralte und immer neue Weisheit in einer unserer Gegenwart angemessenen Methode, in einer Methode, die man eigentlich, so wie sie sich hier in der Art der Darstellung ausdrücken wird, seit dem vierzehnten Jahrhundert kennt. Doch will ich in diesen Vorträgen nicht von einer Geschichte des Rosenkreuzertums sprechen.

Sie wissen alle, daß man heute in den Elementarschulen eine gewisse Geometrie lehrt, zu der zum Beispiel der Pythagoräische Lehrsatz gehört. Das Elementare dieser Geometrie lernt man ganz unabhängig davon, wie die Geometrie selbst zustande gekommen ist, denn was weiß der Schüler, der heute die ersten Elemente der Geometrie lernt, von Euklid! Und dennoch ist es die Euklidische Geometrie, die da gelehrt wird. Erst viel später, wenn man schon das Sachliche, den Inhalt kennt, lernt man vielleicht in der Geschichte der Wissenschaften die Gestalt, die Form kennen, in welcher das, was heute in den Elementarschulen allgemein zugänglich ist, ursprünglich in der Menschheitsentwickelung auftrat. So wenig den Schüler, der heute die elementare Geometrie lernt, die ursprüngliche Art angeht, wie Euklid die Geometrie der Menschheit gegeben hat, so wenig soll es uns kümmern, wie im Laufe der Geschichte sich das sogenannte Rosenkreuzertum entwickelt hat. Und wie der Schüler echte, wahre Geometrie aus der Sache heraus lernt, so wollen wir diese rosenkreuzerische Weisheit aus sich selbst heraus betrachten.

Wer die Geschichte und namentlich die äußere Geschichte des Rosenkreuzertums kennt, wie sie in der Literatur niedergelegt ist, der weiß übrigens sehr wenig von dem wirklichen Inhalt der rosenkreuzerischen Theosophie. Was rosenkreuzerische Theosophie ist, das lebt seit dem vierzehnten Jahrhundert als etwas, was unabhängig von seiner Geschichte wahr ist, ebenso wie die Geometrie wahr ist und erkennbar, unabhängig von der Geschichte der Geometrie und ihrem allmählichen

11

Auftreten. Es soll deshalb nur flüchtig auf einiges hingedeutet werden, was aus der Geschichte heraus zu wissen ist.

Im Jahre 1459 war es, als eine hohe spirituelle Individualität, verkörpert in der menschlichen Persönlichkeit, die vor der Welt den Namen *Christian Rosenkreutz* trägt, als Lehrer zunächst eines kleinen Kreises eingeweihter Schüler auftrat. 1459 wurde Christian Rosenkreutz innerhalb einer streng in sich abgeschlossenen spirituellen Bruderschaft, der Fraternität Roseae crucis, zum Eques lapidis aurei, zum Ritter des goldenen Steines erhoben. Immer klarer wird es uns im Laufe der Vorträge werden, was das bedeutet. Jene hohe spirituelle Individualität, die in der äußeren Persönlichkeit des Christian Rosenkreutz den physischen Plan betrat, wirkte immer wieder als Führer und Lehrer der rosenkreuzerischen Strömung in «demselben Körper», wie man im Okkultismus sagt. Auch die Bedeutung des Ausdrucks «immer wieder in demselben Körper» werden wir schon im Laufe der nächsten Stunden kennenlernen, wenn wir über das Schicksal des Menschen nach dem Tode sprechen werden.

Nun war diese Weisheit, von der wir hier sprechen, bis weit in das achtzehnte Jahrhundert hinein beschlossen in einer engbegrenzten Bruderschaft, die strenge Regeln hatte, durch die sie sich von der exoterischen Außenwelt abschloß.

Im achtzehnten Jahrhundert hatte diese Bruderschaft die Mission, auf einem spirituellen Wege etwas Esoterisches einfließen zu lassen in die Kultur Mitteleuropas, und deshalb sehen wir, wie innerhalb einer exoterischen Kultur mancherlei aufleuchtet, was zwar äußerlich exoterisch ist, was aber nichts anderes ist als ein äußerer Ausdruck esoterischer Weisheit. Es haben sich im Laufe der Jahrhunderte mancherlei Leute bemüht, jene Weisheit, die wir die rosenkreuzerische nennen, irgendwie durchschauen zu können; es ist ihnen nicht gelungen. So hat sich *Leibniz* vergebens bemüht, der Quelle rosenkreuzerischer Weisheit nahezukommen. Wie Blitzlichter leuchtete aber diese rosenkreuzerische Weisheit in einer exoterischen Schrift auf, welche erschien, als *Lessing* seiner Vollendung auf dem physischen Plan entgegenging. Es ist Lessings «Erziehung des Menschengeschlechts». Man muß diese Schrift nur zwischen den Zeilen lesen, dann wird man in ihrem eigentümlichen

Ausklange — zwar nur als Esoteriker — erkennen, daß sie ein äußerer Ausdruck rosenkreuzerischer Weisheit ist.

Insbesondere großartig leuchtete diese Weisheit auf in demjenigen Menschen, der die Kultur des damaligen Europas um die Wende des achtzehnten Jahrhunderts, und zwar die internationale Kultur, widerspiegelte: in *Goethe*. Als Goethe in verhältnismäßig frühen Jahren seines Lebens einer rosenkreuzerischen Quelle nahekam, empfing er etwas von einer höchst merkwürdigen hohen Initiation. Es kann leicht mißverstanden werden, wenn man von einer Initiation Goethes spricht; daher geziemt es sich vielleicht gerade hier, darauf hinzuweisen, wie es sich mit dieser eigentümlichen Art der Initiation verhält. Es war in der Zwischenzeit, als er von der Universität Leipzig fortging, bis er nach Straßburg ging. Da geschah etwas höchst Merkwürdiges. Er hatte ein tief in seine Seele eingreifendes Erlebnis, das sich äußerlich in der Tatsache ausdrückte, daß er in der letzten Leipziger Zeit dem Tode recht nahestand. Auf seinem schweren Krankenlager hatte er ein wichtiges Erlebnis, eine Art von Initiation. Goethe war sich dieser zunächst nicht bewußt, sie wirkte als eine Art poetischer Strömung in seiner Seele, und es war ein höchst merkwürdiger Vorgang, wie sich diese Strömung hineinarbeitete in seine verschiedenen Produktionen. Solch einen Lichtblitz finden wir in dem Gedicht «Die Geheimnisse», das die intimsten Freunde Goethes als eine seiner tiefsten Schöpfungen bezeichnet haben, und es ist in der Tat so tief angelegt, daß Goethe niemals die Kraft wiederfinden konnte, zu diesem Fragmente den Schluß zu gestalten. Die damalige Kulturströmung hatte noch nicht die Macht, äußerlich die ganze Tiefe des Lebens auszugestalten, die in diesem Gedichte pulst. Dies Gedicht ist aufzufassen als eine der tiefsten Quellen der Seele Goethes, es ist ein Buch mit sieben Siegeln für alle Goethe-Kommentatoren. Dann aber arbeitete sich diese Initiation immer weiter heraus, und Goethe konnte endlich, nachdem er sich dieser Initiation mehr und mehr bewußt geworden war, jene merkwürdige Prosadichtung entstehen lassen, die wir als das «Märchen von der grünen Schlange und der schönen Lilie» kennen. Es ist eine der tiefsten Schriften der Weltliteratur; wer sie in richtiger Weise zu interpretieren vermag, der weiß viel von der rosenkreuzerischen Weisheit.

Damals aber, als einfließen sollte die rosenkreuzerische Weisheit in die allgemeine Kultur, geschah es, daß auf eine Weise, über die ich hier nicht weiter zu sprechen brauche, eine Art Verrat mit rosenkreuzerischer Weisheit begangen wurde, so daß gewisse Vorstellungen rosenkreuzerischer Weisheit exoterisch hinausdrangen in die große Welt. Dieser Verrat auf der einen Seite und auf der anderen Seite die Notwendigkeit, daß die Kultur des Abendlandes eine Zeitlang, während des neunzehnten Jahrhunderts, auf dem physischen Plan unbeeinflußt bleibe von der Esoterik, diese zwei Dinge führten die Notwendigkeit herbei, daß die Quellen rosenkreuzerischer Weisheit und vor allem auch der große Begründer, der seit jener Zeit immer auf dem physischen Plan war, scheinbar zurücktraten, so daß man in der ersten Hälfte und auch in einem großen Teil der zweiten Hälfte des neunzehnten Jahrhunderts nicht viel von der rosenkreuzerischen Weisheit entdecken konnte. Erst in unserer Zeit ist es wieder möglich geworden, die Quellen rosenkreuzerischer Weisheit zu erschließen und sie einfließen zu lassen in die allgemeine übrige Kultur, und wenn wir diese Kultur betrachten werden, so werden sich uns die Gründe ergeben, warum das so sein mußte.

Nun möchte ich Ihnen zwei charakteristische Dinge angeben, welche die rosenkreuzerische Weisheit auszeichnen und die wichtig sind für ihre Weltmission. Das eine hängt zusammen mit des Menschen ganzer Stellung zu dieser rosenkreuzerischen Weisheit, die etwas anderes ist als die okkulte Form der christlich-gnostischen Weisheit. Wir müssen zwei Tatsachen des Geisteslebens vorläufig nur flüchtig berühren, wenn wir uns diese merkwürdige Stellung der rosenkreuzerischen Weisheit klar vor die Seele führen wollen. Die erste dieser zwei Tatsachen ist, was man die Stellung des Schülers zu dem Lehrer nennt, und zwei Dinge haben wir zu betrachten in bezug auf diese Stellung. Wir wollen besprechen erstens das, was man Hellsehen nennt, und zweitens das, was man Glauben an die Autorität nennt. In dem Worte Hellsehen — eigentlich ein unvollkommener Ausdruck — begreift man nicht allein spirituelles Schauen, sondern auch spirituelles Hören. In diesen beiden ist die Quelle einer jeglichen Weisheit, die uns über die verborgene Weisheit der Welt unterrichten will, und aus keiner anderen Quelle

14

heraus können wirkliche Erkenntnisse der geistigen Welten kommen. Nun ist für die Rosenkreuzer-Methode ein wesentlicher Unterschied zwischen dem Auffinden der geistigen Wahrheiten und dem Begreifen derselben.

Niemand kann eine geistige Wahrheit direkt in den höheren Welten finden, der nicht einen höheren Grad spiritueller Fähigkeit – also des Hellsehens – entwickelt hat. Für das Auffinden der spirituellen Wahrheit ist das Hellsehen die notwendige Voraussetzung. Aber auch nur für das Auffinden, denn bis heute und auch bis lange in die Zukunft hinüber wird von keiner wahren Rosenkreuzerei exoterisch etwas gelehrt werden, was nicht mit dem gewöhnlichen, allgemeinen logischen Verstande begriffen werden kann. Das ist es, worauf es ankommt. Wenn gegenüber dieser rosenkreuzerischen Form von Theosophie eingewendet wird, man gebrauche zum Begreifen Hellsehen, so ist das nicht richtig. Nicht die Fähigkeit des Wahrnehmens ist es, worauf es ankommt. Wer die rosenkreuzerische Weisheit nicht mit dem Denken begreifen kann, der hat nur seinen logischen Verstand noch nicht weit genug ausgebildet. Wenn man alles in sich aufnimmt, was die gegenwärtige Kultur gibt, was man heute erlangen kann, wenn man nur Geduld und Ausdauer hat und nicht zu bequem ist, um zu lernen, dann kann man begreifen und einsehen, was der Rosenkreuzer-Lehrer lehrt. Wer irgendwie eine solche Rosenkreuzer-Weisheit anzweifelt und sagt: Ich kann sie nicht begreifen –, bei dem ist nicht daran schuld, daß er noch nicht auf die höheren Plane hinauf kann, sondern daß er seinen logischen Verstand nicht genug anstrengen will, oder daß er nicht genügend Erlebnisse des gewöhnlichen Bildungslebens herbeitragen will, um wirklich zu begreifen.

Denken Sie einmal an die ungeheure Popularisierung der Weisheit, die sich vollzogen hat seit dem Auftreten des Christentums bis zur heutigen Zeit, und versuchen Sie, sich vor Ihre Seele ein Bild des christlichen Rosenkreuzertums im vierzehnten Jahrhundert zu stellen. Denken Sie daran, wie in jener Zeit der einzelne Mensch, der draußen in der Welt lebte, den Lehrern gegenüberstand. Nur durch das gesprochene Wort konnte da gewirkt werden. Man stellt sich gewöhnlich nicht richtig vor, welche riesige Evolution sich seit jener Zeit vollzogen hat. Man braucht nur an die Errungenschaft der Buchdruckerkunst zu denken. Denken Sie an die tausend und abertausend Kanäle, durch welche vermittels dieser Erfindung in das allgemeine Kulturleben einfließen konnte, was heute in den Spitzen des Geisteslebens geleistet wird. Von dem Buche an bis zur letzten Zeitungsnotiz können Sie unendlich viele Kanäle verfolgen, durch die eine Unsumme von Vorstellungen einfließt in das allgemeine Leben. Das sind Wege, die erst seit dieser Zeit der Menschheit erschlossen worden sind, und die haben bewirkt, daß der Intellekt der abendländischen Kultur ganz andere Formen angenommen hat. Der abendländische Intellekt, der Verstand, wirkte seit jener Zeit ganz anders.

Darauf mußte die neue Form der Weisheit Rücksicht nehmen. Es mußte eine solche Form geschaffen werden, die dem standhält, was in den tausend Kanälen hineinfließt in das allgemeine Leben. Die rosenkreuzerische Weisheit ist nun eine solche, die völlig standhält jedem Einwand, der von irgendeiner populären oder noch so hohen Seite der Wissenschaft ausgehen kann. In sich selbst hat die rosenkreuzerische Weisheit die Quellen des Sich-Haltens gegenüber jedem Einwande der Wissenschaft. Ein richtiges Verständnis der modernen Wissenschaft, nicht jenes dilettantische Verstehen, das selbst bei Universitätsprofessoren zu finden ist, sondern ein Verständnis, das frei von allen den abstrakten Theorien und materialistischen Phantasien arbeitet, das streng auf dem Boden der Tatsachen steht und nicht darüber hinausgeht, ein solches Verständnis liefert Stück für Stück gerade aus der Wissenschaft heraus die Beweise für die rosenkreuzerischen spirituellen Wahrheiten.

Die zweite Seite in der rosenkreuzerischen Weisheit — in der Stellung zwischen Lehrer und Schüler — ist die, daß im wesentlichen das Verhältnis vom Schüler zum «Guru», dem orientalischen Lehrer, gegenüber den anderen Einweihungen ein anderes ist. Die Art und Weise, wie der Schüler dem Guru gegenübersteht, kann eigentlich innerhalb der rosenkreuzerischen Weisheit gar nicht mit dem Glauben an eine Autorität bezeichnet werden. Durch ein Beispiel aus dem gewöhnlichen Leben werde ich Ihnen das anschaulich machen. Der Rosenkreuzer-Lehrer will nicht anders zu seinem Schüler stehen als der kundige Mathematiker zu dem Mathematikschüler. Kann man davon sprechen, daß der Mathematikschüler seinem Lehrer aus Autoritätsglauben anhängt? Nein! Kann man davon sprechen, daß der Mathematikschüler den Lehrer nicht braucht? Ja — könnten da viele sagen, denn man hat vielleicht durch gute Bücher den Weg zum Selbststudium gefunden. Aber hier ist nur der Weg ein anderer, als wenn man sich Stuhl an Stuhl gegenübersitzt. Im Prinzip könnte man es natürlich. Ebenso könnte auch jeder Mensch, wenn er zu einer gewissen Stufe des Hellsehens aufsteigt, alle spirituellen Wahrheiten finden, aber ein jeder wird es unvernünftig finden, das Ziel auf einem Umweg zu erreichen. Ebenso unvernünftig wäre es zu sagen: Mein Inneres muß die Quelle sein für alle spirituellen Wahrheiten. — Wenn der Lehrer die mathematischen Wahrheiten kennt und sie dem Schüler überliefert, dann braucht der Schüler keinen Autoritätsglauben mehr, dann sieht er die mathematischen Wahrheiten durch ihre eigene Richtigkeit ein, und er braucht gar nichts anderes, als sie richtig einzusehen. Nicht anders ist es mit der ganzen okkulten Entwickelung im rosenkreuzerischen Sinne. Der Lehrer ist der Freund, der Ratgeber, der die okkulten Erlebnisse vorlebt und sie den Schüler leben läßt. Hat man sie einmal, dann braucht man sie ebensowenig auf Autorität hin anzunehmen, als in der Mathematik den Satz: Die drei Winkel eines Dreiecks sind 180 Grad. Alle Autorität ist in der Rosenkreuzerei keine eigentliche Autorität, sondern vielmehr das, was notwendig ist für die Abkürzung des Weges zu den höchsten Wahrheiten.

Das ist die eine Seite. Die andere Seite ist die, welche sich auf das Verhältnis der spirituellen Weisheit zur allgemeinen geistigen Kultur bezieht. In den Darstellungen, die in den nächsten Tagen hier vorüberziehen sollen, werden Sie sehen, daß die geistige Wahrheit unmittelbar in das praktische Leben einfließen kann. Nicht irgendwelches System stellen wir auf, das man nur theoretisch verwerten kann, sondern etwas, was man brauchen kann, wenn man die tiefen Grundlagen unseres gegenwärtigen Weltenwissens erkennen will, wenn man die geistigen Wahrheiten einfließen lassen will in unser alltägliches Leben. Rosenkreuzer-Weisheit muß nicht nur in den Kopf gehen, auch nicht bloß in das Herz, sondern in die Hand, in unsere manuellen Fähigkeiten, in das, was der Mensch täglich tut. Es ist kein sentimentales Mitfühlen, es ist ein Sich-Erarbeiten der Fähigkeiten, innerhalb des allgemeinen Menschheitsdienstes zu wirken. Denken Sie sich, irgendeine Gesellschaft träte auf und würde nur allein Menschenbrüderschaft zu ihrem Ziele machen, würde nichts tun, als Menschenbrüderschaft predigen. Rosenkreuzerei wäre das nicht, denn der Rosenkreuzer sagt: Denke dir einen Menschen, der das Bein gebrochen hat und vor dir auf der Straße liegt. Wenn vierzehn Menschen herumstehen und warmes Empfinden und Mitleid haben, und keiner dabei ist, der das Bein wieder einrichten kann, so sind alle vierzehn weniger wesentlich als der eine, der hinzutritt, der vielleicht gar nicht sentimental ist, der aber die Fähigkeit besitzt, ein Bein einzurichten und es auch tut. — Und das ist die Gesinnung, die den Rosenkreuzer durchflutet. Auf die werktätige Erkenntnis, auf die Möglichkeit, aus der Erkenntnis heraus einzugreifen in das Leben, darauf kommt es an. Alles Reden über Mitgefühl ist der Rosenkreuzer-Weisheit sogar etwas Gefährliches, denn ihr erscheint ein fortwährendes Betonen von Mitgefühl wie eine Art astraler Wollust. Was das niedere Wollustgefühl ist auf dem physischen Plane, das ist auf dem astralen Plan diese Art, die immer nur fühlen will und nicht erkennen. Werktätige Erkenntnis, die eingreifen kann im Leben — allerdings nicht im materialistischen Sinne, sondern heruntergeholt von den spirituellen Planen —, die befähigt uns, praktisch zu wirken. Aus der notwendigen Erkenntnis, daß die Welt vorwärtskommen soll, fließt von selbst die Harmonie, und sie fließt umso sicherer, weil sie sich von selbst ergibt, wenn man erkennt. Von demjenigen, der ein Bein einrichten kann, könnte man sagen: wenn er kein Menschenfreund ist, läßt er vielleicht den liegen, der da liegt. — Das ist bei der bloßen Erkenntnis auf dem physischen Plan möglich. Bei der spirituellen Erkenntnis aber ist dieser Einwand nicht möglich. Es kann keine spirituelle Erkenntnis geben, die nicht einfließen würde in das werktätige Leben.

Das ist es, was man als die zweite Seite der Rosenkreuzer-Weisheit bezeichnet: daß sie nur durch hellseherische Kräfte gefunden, aber durch den gewöhnlichen Menschenverstand eingesehen werden kann. Es ist damit scheinbar etwas sehr Merkwürdiges gesagt. Um Erlebnisse in der geistigen Welt zu haben, müssen Sie hellsehend werden; um das einzusehen, was der Hellseher sieht, brauchen Sie das nicht. Wer als Seher heruntersteigt aus den geistigen Welten und die Dinge erzählt, die da oben vorgehen, und damit etwas zur Kenntnis bringt, was der gegenwärtigen Menschheit notwendig ist, kann verstanden werden, wenn die Zuhörer es wollen, denn der Mensch ist so geartet, daß es ihm einleuchten kann.

Zunächst werden wir nun die siebengliedrige Menschennatur nach Rosenkreuzer-Methode kennenlernen. Wir werden kennenlernen die ganze Menschennatur, wie sie vor uns steht. Wir werden den physischen Leib kennenlernen, den ein jeder zu kennen glaubt und eigentlich gar nicht kennt. So wenig man den Sauerstoff im Wasser sehen kann, sondern ihn erst vom Wasserstoff trennen muß, um ihn zu erkennen, so wenig sieht man, wenn man einen anderen Menschen erblickt, den physischen Menschen vor sich. Der Mensch ist ebenso ein Gemisch von physischem Leib, Ätherleib und Astralleib und den anderen Gliedern seiner höheren Natur, wie das Wasser aus Sauerstoff und Wasserstoff besteht, und die Zusammenfassung aller dieser Glieder, die sehen Sie vor sich. Wollen Sie den physischen Leib allein sehen, müssen Sie erst den Astralleib herausheben; das haben Sie im traumlosen Schlaf. Der Schlaf ist eine Art von höherer chemischer Scheidung des Astralleibes im Verein mit den höheren Gliedern der Menschennatur von dem ätherischen und physischen Leibe. Aber auch dann haben Sie noch nicht den wirklichen physischen Leib vor sich. Erst mit dem Tode, wenn sich auch der Ätherleib herausgezogen hat aus dem physischen Leibe, ist der physische Leib allein übrig.

Das hat eine unmittelbare praktische Bedeutung. An einem Beispiele will ich Ihnen den Sinn dafür klarmachen. Nehmen Sie irgendeinen bestimmten Teil im Astralleibe an. In uralter Vergangenheit des Menschen war das, was er damals in einem dumpfen, dämmerhaften Hellsehen wahrnehmen konnte, ganz anders bildhaft als heute. Diese Bilder haben sich zunächst seinem Astralleibe eingeprägt. Wir stellen uns vor, daß sich dem Astralleibe einmal Bilder der drei Raumdimensionen eingeprägt haben, in Länge, Breite und Tiefe. Dieses Bild des dreidimensionalen Raumes, wie es einmal aus einem ursprünglichen dämmerhaften Hellsehen heraus dem Astralkörper eingeimpft worden war, wurde weiter übertragen in den Ätherleib. Wie man eine Petschaft in den flüssigen Siegellack eindrückt, so drückt sich das astrale Bild in den Ätherleib ein, und das arbeitete plastisch die Formen des physischen Leibes aus. So arbeitet das Bild des dreidimensionalen Raumes ein Organ an einer ganz bestimmten Stelle des physischen Leibes aus. Es war ursprünglich ein Bild im Astralleibe von drei aufeinander senkrecht stehenden Raumlinien. Das drückte sich ein in den Ätherleib wie ein Petschaft in Siegellack, und ein gewisser Teil des Ätherleibes arbeitete praktisch ein Organ im Innern des menschlichen Ohres aus, und das sind die drei halbzirkelförmigen Kanäle. Sie alle haben diese in sich. Wenn sie verletzt werden, kann sich der Mensch nicht mehr in den drei Raumlinien orientieren. Den Menschen befällt Schwindel; er kann sich innerhalb der Raumdimensionen nicht mehr aufrechthalten. So hängen zusammen die Bilder des Astralleibes mit den Kräften des Ätherleibes und den Organen des physischen Leibes. Der ganze physische Leib des Menschen in seinen plastischen Formen ist nichts anderes als ein Ergebnis, das entstanden ist aus den Bildern des Astralleibes und dem Kräftezusammenhang des Ätherleibes. Daher versteht niemand den physischen Leib, der nicht zuerst den astralen und den Ätherleib kennt. Der Astralleib ist der Vorgänger des Ätherleibes und der Ätherleib der Vorgänger des physischen Leibes. So kompliziert sich die Sache.

Die drei halbzirkelförmigen Kanäle sind ein physisches Organ wie die Nase; alle Nasen sind untereinander verschieden, aber Sie können eine Ähnlichkeit finden, die zwischen den Nasen von Eltern und Kindern besteht. Könnten Sie beim Menschen die drei halbzirkelförmigen Kanäle studieren, dann würden Sie finden, daß hier eine ebensolche Verschiedenheit und Gleichheit wie bei den Nasen besteht und daß der Mensch in bezug auf diese Kanäle ebenso der Mutter oder dem Vater ähnlich sein kann. Was sich nicht vererbt, das ist das tiefste Geistige, das Ewige, das durch die menschlichen Inkarnationen durchgeht. Das, was man spezifische Talente, Fähigkeiten nennt, beruht nicht auf den Gehirnen. Die Logik ist keine andere in der Mathematik als in der Philosophie oder im praktischen Leben. Die Verschiedenheit der Fähigkeiten tritt erst auf, wenn die Logik angewendet wird auf den Gebieten, die zum Beispiel in den halbzirkelförmigen Kanälen ihr Erkenntnis-

Organ haben. So drückt sich die Mathematik besonders aus bei dem Menschen, der gerade diese Organe besonders ausgebildet hat. Ein Beispiel dafür ist die Familie *Bernoulli*, in der hintereinander gute Mathematiker aufgetreten sind. Eine Individualität könnte noch so viele Anlagen zu musikalischer oder anderer Befähigung mitbringen — wenn sie nicht in einen Menschenleib hineingeboren wird, der ihr die erforderlichen Formen und Organe vererben kann, so kann sie diese Befähigungen nicht ausleben.

So sehen Sie, daß Sie gar nicht die Welt physisch erkennen können, wenn Sie nicht erkennen, wie sie geschaffen ist. Nicht im Sich-Zurückziehen von der physischen Welt sieht der Rosenkreuzer seine Aufgabe. Das wäre eine schlimme Sache, denn seine Aufgabe ist es gerade, die physische Welt zu vergeistigen. Hinaufgehen muß er in die höchsten Regionen des geistigen Lebens und mit den Erkenntnissen, die ihm da werden, tätig arbeiten innerhalb der ganzen physischen Welt, und innerhalb der Menschen ganz besonders. Das ist Rosenkreuzer-Gesinnung, die sich unmittelbar aus der Weisheit als Konsequenz ergibt. Ein solches System von Weisheit wollen wir betrachten, das uns das Kleinste verstehen machen kann. Und eingedenk sein wollen wir, daß das Kleinste in der Welt zum Größten wichtig ist, und daß das Kleinste, an die richtige Stelle gerückt, zum größten Ziele führen kann.

# ZWEITER VORTRAG

München, 25. Mai 1907

Wir haben das letztemal gesprochen von der Art und Weise, wie diejenige Methode, die man die rosenkreuzerische nennt, ihr Verhältnis
zum Menschen und zur ganzen Kultur einrichtet. Obgleich alle Erkenntnisse der höheren Welten nur durch den Seher, durch die höher-
entwickelten geistigen Kräfte des Menschen gewonnen werden können,
so arbeitet doch jene Methode auch darauf hin, daß das, was innerhalb
der rosenkreuzerischen Theosophie zum Vorschein kommt, durch die
Anwendung der gewöhnlichen Logik verstanden werden kann. Auf-
gefunden werden diese Erkenntnisse durch den entwickelten Sinn des
Sehers, zum Begreifen ist aber gewöhnliche Menschenlogik ausreichend.
Man darf aber nicht glauben, daß das, was in einem einzelnen Vortrag
gesagt werden kann, schon jeder vermeintlichen Kritik standzuhalten
vermag. Nur dann ist das der Fall, wenn man in Berücksichtigung aller
für die Logik zugänglichen Gründe die Sache prüft. Und noch eine andere Eigenschaft haben wir im letzten Vortrag bereits hervorgehoben,
nämlich daß die Rosenkreuzer-Methode darauf hinarbeitet, die Geisteswissenschaft hinauszutragen in das praktische Leben. Daher sind
hier alle Dinge so dargestellt, daß sie sich einleben können in das wirkliche Leben. Aber auch in bezug auf diese Sache müssen Sie Geduld haben; manches wird anfangs nicht so erscheinen, als ob es ins praktische
Leben hinausdringen könnte. Wenn Sie aber das Ganze überschauen
können, dann werden Sie sehen, daß die Einzelheiten so eingerichtet
sind, daß sie in die alltäglichen Verrichtungen übergehen können. Eine
Weisheit, die man brauchen kann im Leben, das ist es, was die rosenkreuzerische Methode der Forschung geben kann.

Zuerst wird uns eine Übersicht über die Natur des Menschen beschäftigen. Wir werden die einzelnen Glieder der Menschennatur kennenlernen. Nur wenn wir von Stufe zu Stufe sachgemäß vordringen und
nichts aus dem Auge verlieren, werden wir sehen, wie sich alles orga-
nisch gliedert. Dann werden wir das Schicksal der Menschenseele nach
dem Tode betrachten, und wir werden den wachenden, den schlafen-

den, den toten Menschen betrachten in bezug auf die Gliederung der menschlichen Natur. Wir werden zu untersuchen haben, was der Mensch vom Tode bis zur neuen Geburt verrichtet. Es ist eine vielfach verbreitete Ansicht, daß der Mensch in der Zeit nach dem Tode untätig sei. Das ist nicht der Fall. Er hat vielmehr zu wirken und zu schaffen, er hat eine Arbeit zu leisten, die Bedeutung im Kosmos hat. Dann werden wir zeigen müssen, was man Reinkarnation und Karma nennt, das Schicksal, im Zusammenhange mit dem Werdegang des Menschen, wie die Menschheit sich in der Vorzeit entwickelt hat und wie sich die Perspektive der Menschheitsentwickelung in die Zukunft hineinstellt.

Heute nun wird es mir obliegen, Ihnen das Wesen des Menschen ein wenig zu charakterisieren. Wenn wir von dem Wesen des Menschen sprechen, müssen wir uns bewußt sein, daß vor dem Auge dessen, der mit entwickelten geistigen Wahrnehmungsorganen an die Betrachtung des Menschen herantritt, die menschliche Natur sich viel komplizierter ausnimmt als bei der gewöhnlichen Sinnesbetrachtung, die von dem menschlichen Verstande durchzogen ist und nur einen ganz kleinen Teil des ganzen Menschen betrachten kann. Vom Okkultismus aus angesehen, ist es falsch — wir haben schon darauf hingedeutet —, wenn man das, was man vor sich hat, den physischen Leib nennen würde. Der physische Leib, wie er vor uns steht, ist auch schon durchzogen von dem Ätherleib und dem Astralleib. Er ist eine Vereinigung dieser drei Leiber, und erst, wenn man die anderen Leiber herausnehmen könnte, würde man den wirklichen physischen Menschenleib vor sich haben. Dieser physische Leib ist dasjenige Glied der menschlichen Wesenheit, das sie gemeinsam hat mit der ganzen den Menschen umgebenden physischen Natur, mit Mineralien, Pflanzen und Tieren.

Wir betrachten diesen physischen Menschenleib nur dann richtig, wenn wir sagen, daß er sich so weit erstreckt wie die Verwandtschaft des Menschen mit dem um ihn herum liegenden mineralischen Reich. Nur müssen Sie sich klarmachen, daß dieses Glied der menschlichen Wesenheit am allerwenigsten von dem übrigen Kosmos abgesondert betrachtet werden kann. Die Kräfte, die im physischen Leib wirken, wirken vom Kosmos herein. Wer die Sache durchschaut, empfindet dies so, wie er etwa die Natur eines Regenbogens erlebt. Wenn ein Regenbogen entstehen soll, muß eine ganz bestimmte Konstellation da sein von Sonnenlichtverbreitung, von Regenwolken und so weiter. Sie können den Regenbogen nicht wegnehmen, wenn die Konstellation zwischen Regenwolken und Sonnenschein eine entsprechende ist. Der Regenbogen ist also eine Art von Konsequenz, ein Phänomen, das von außen zusammengeschoben wird. So ist auch der physische Leib wie eine Art von bloßem Phänomen. Die Kräfte, die den physischen Leib zusammenhalten, müssen Sie in der ganzen übrigen Sie umgebenden Welt suchen. Es fragt sich nun, wo liegen denn überhaupt diese Kräfte in ihrer wahren Gestalt, die bewirken, daß unser physischer Leib so erscheint, wie er erscheint? Da werden wir hinaufgeführt in höhere Welten, denn in der physischen Welt kann man nur das sehen, was das Phänomen des physischen Leibes ist. Die Kräfte, die dieses Phänomen zusammensetzen, liegen in einer sehr hohen geistigen Welt. Wir müssen daher ein wenig die Welten betrachten, die es noch außer unserer physischen gibt.

Wenn der Okkultist von höheren Welten spricht, so sind das Welten, die uns in jedem Augenblick umgeben; es müssen nur die Sinne dafür geöffnet werden, wie das Auge geöffnet werden muß für die Farbenwelt. Wenn gewisse seelische Sinne erschlossen werden, Sinne, die um einen Grad höher liegen als die physischen Sinne, dann wird die Welt, die uns umgibt, durchzogen von einer neuen Erscheinung, die man die astrale Welt nennt. Die rosenkreuzerische Theosophie nennt diese Welt die imaginative Welt, wobei aber imaginativ etwas viel Wirklicheres ist, als man unter dem Ausdruck gewöhnlich versteht. Sie sehen da ein Auf- und Abfluten von Bildern. Die Farbe, die sonst an die Gegenstände gefesselt ist, befindet sich in einem mannigfaltigen Sich-Verwandeln innerhalb der astralen Welt. Wir werden das noch genauer kennenlernen. Man nennt diese Welt auch in der populär gewordenen rosenkreuzerischen Methode, in der Bewegung, die sich an die Rosenkreuzer angeschlossen hat, die elementarische Welt, so daß diese drei Ausdrücke imaginative Welt, astralische und elementarische Welt im rosenkreuzerischen Sinne dasselbe bedeuten.

Außerdem finden Sie eine noch höhere Welt, wenn noch höhere Sinne erschlossen werden. Es ist die Welt der Sphärenharmonien, die hereindringt in die Welt der Bilder und Farbenwesen. Man nennt sie die Welt des Devachan oder auch die mentale Welt, oder die Welt von Rupa-Devachan; in der Rosenkreuzersprache die Welt der Sphärenharmonien oder die Welt der Inspiration, weil der Ton das Inspirierende ist, wenn sich die Sinne dafür erschlossen haben. Diese Welt hat man auch in der Bewegung, die sich an die rosenkreuzerische angeschlossen hat, die himmlische genannt. Untere oder Rupa-Devachan-Welt, devachanische Welt, inspirierende Welt und himmlische Welt sind wiederum dasselbe.

Dann haben wir endlich eine noch höhere Welt, die noch höhere Sinne eröffnen. Die rosenkreuzerische Methode bezeichnet sie als die Welt der wahren Intuition, wobei Intuition etwas viel Höheres ist, als man nach der trivialen Anwendung des Wortes im menschlichen Leben meint: ein Aufgehen, ein Hineinkriechen in die Wesen, so daß man die Wesen vom Innern aus erkennt. Diese Welt der Intuition wird in der Bewegung, die sich an die Rosenkreuzer angeschlossen hat, die Vernunftwelt genannt. Diese Welt ist so hoch erhaben über der gewöhnlichen Welt, daß sie in die Welt des Menschen nur etwas wie ein Schattenbild wirft. Die Vernunftbegriffe sind schwache Schattenbilder gegenüber dem, was in dieser Welt Wirklichkeiten sind.

Wir haben also außer unserer physischen Welt noch drei andere Welten aufzuzählen, wenn wir die Welt in ihrer wahren Gestalt begreifen wollen. Hinter den Kräften, die die physische Welt zusammenhalten, wüssen wir die Kräfte suchen in der höchsten, in der intuitiven Welt. Gegenüber dem, was Sie dort an Wesenhaftem finden können, nimmt sich das, was der Physiker in der physischen Welt findet, wie schwache Schattenbilder aus. Würden Sie hinaufsteigen in die höchste der Welten, dann würden Sie für einen jeden Begriff, den Sie sich von einem Kristall oder dem Auge machen, lebendige Wesenheiten finden. Was hier Begriff ist, ist das Schattenbild von Wesenheiten in dieser höchsten der Welten. So setzt sich unsere physische Welt aus Kräften zusammen, die in der wahren Gestalt, wie man in der theosophischen Ausdrucksweise sagt, im Arupa-Devachan erscheinen.

Wir können uns eine noch deutlichere Vorstellung machen, wenn wir uns fragen, was für uns in einer solchen Betrachtung des Mineralreiches liegt. Der Mensch hat ein Ich-Bewußtsein. Ein Mineral nennen wir bewußtlos. Es ist dies aber nur, wenn wir auf dem physischen Plan verbleiben. Wenn wir hinaufsteigen in die höheren Welten, ist es nicht mehr bewußtlos. Allerdings, wenn Sie die elementarische Welt betreten, finden Sie noch nicht das Ich der mineralischen Welt, denn das Ich-Bewußtsein des Minerals finden Sie erst in der höchsten der Welten, die wir jetzt aufgezählt haben. Wie der Finger kein Bewußtsein hat, sondern wie Sie von dem Finger zu Ihrem Ich gehen müssen, wenn Sie sein Bewußtsein finden wollen, so führt das Mineral zu dem Ich durch die Ströme, die hinaufverfolgt werden können bis in dieses höchste Gebiet des Weltendaseins. Ein Nagel am Finger gehört zum ganzen menschlichen Organismus; Sie finden im Ich sein Bewußtsein. Schauen wir einen Nagel an, so verhält er sich zu unserem Organismus wie das Mineral zur höchsten geistigen Welt. So gibt es ein Ich des ganzen Organismus, und wie das Mineral, so sind die Nägel ein äußerster Ausdruck des Verhärteten dieses Lebens. Dies hat der menschliche physische Leib noch gemeinsam mit den Mineralien, daß zu dem physischen Leib, insofern er rein physisch ist, ein Bewußtsein oben in der geistigen Welt gehört. Sofern der Mensch mit einem bloß physischen Bewußtsein ausgestattet ist, ohne daß er es weiß, sofern er einen physischen Leib hat, der da oben sein Bewußtsein hat, ist der Mensch so veranlagt, daß von oben herunter gewirkt wird auf den physischen Leib. Was den physischen Leib gestaltet, haben Sie nicht in der Hand. Ebenso wie Ihr Ich es ist, wenn Sie Ihre Hand bewegen, werden Sie in bezug auf Ihren physischen Leib beeinflußt von einer höheren Welt, und so bewirkt bei Ihnen das Ich-Bewußtsein des physischen Leibes die physikalischen Prozesse des Leibes. Nur der Eingeweihte, der sich bis zur Intuition erhebt, erlangt Gewalt über seinen physischen Leib, so daß keine Nervenströmung seine Nerven durchzieht, ohne daß er es weiß. Dadurch erst kann er Genosse derjenigen Wesen werden, die da oben leben und seinen physischen Leib dirigieren.

Das zweite Glied der Menschennatur hat der Mensch noch gemeinsam mit der Pflanzen- und der Tierwelt, es ist der Äther- oder Lebensleib. Er stellt sich für den okkulten Seher so dar, daß er ungefähr dieselbe Form hat wie der physische Leib. Er ist ein Kraftleib. Wenn Sie sich den physischen Leib wegdenken könnten, würde Ihnen dieser Ätherleib als ein Kraftleib übrigbleiben, ein Leib, durchzogen von Kraftlinien, die den physischen Leib auferbaut haben. Das menschliche Herz könnte in der Form, die es hat, niemals entstehen, wenn nicht in dem Ätherleib, der den physischen Leib durchzieht, ein Ätherherz wäre. Dieses Ätherherz enthält gewisse Kräfte und Strömungen, und diese sind die Aufbauer, die Architekten, die Bildner des physischen Herzens. Es ist so, wie wenn Sie sich vorstellen würden, Sie hätten ein Gefäß mit Wasser; kühlen Sie dies Wasser ab, so entstehen darin Verhärtungen, Eisbildungen. Was da Eis ist, ist Wasser, nur verhärtet, und die Formen, die die Eisbildungen haben, waren im Wasser als Kraftlinien drinnen. So ist das physische Herz herausgebildet aus dem Ätherherzen, es ist nur ein verhärtetes Ätherherz, und die Kraftströmungen in dem Ätherherzen haben dem physischen Herzen seine Form gegeben.

Wenn Sie sich den physischen Leib wegdenken könnten, würden Sie den Ätherleib, namentlich in den oberen Partien, ziemlich ähnlich dem physischen Leib sehen. Diese Ähnlichkeit geht aber nur bis zur Mitte des Körpers, denn der Ätherleib weist doch eine große Verschiedenheit gegenüber dem physischen Leib auf. Das werden Sie begreifen, wenn ich Ihnen sage, daß der Ätherleib beim Manne weiblich und beim Weibe männlich ist. Ohne diese Erkenntnis wird einem im praktischen Leben vieles unbegreiflich bleiben. Im übrigen erscheint er wie eine Lichtgestalt und ragt überall, in allen Teilen etwas, aber nur wenig, über den physischen Körper hinaus. Diesen Ätherleib hat der Mensch mit der Pflanzenwelt gemeinsam.

Es ist bei dem Ätherleib ein ähnliches wie bei dem physischen Leib der Fall: Die Kräfte, die den Ätherleib zusammenhalten, finden wir in der Welt, die wir die inspirierende oder die Welt des Rupa-Devachan, die himmlische Welt, nennen. Alle die Kräfte, die den Ätherleib zusammenhalten, sind um eine Stufe tiefer liegend als die, welche den physischen Leib zusammenhalten. Daher müssen Sie die Sache auch so betrachten, daß Sie das Ich-Bewußtsein der Pflanzen in dieser Welt der Inspiration, des unteren Devachan suchen, und in dieser Welt der Sphärenharmonien, wo das Ich-Bewußtsein der Pflanzenwelt ist, da ist auch das Ich-Bewußtsein, das den menschlichen Ätherleib durchsetzt, das in Ihnen lebt, ohne daß Sie es wissen.

Nun kommen wir zum dritten Glied der menschlichen Wesenheit, zum Astralleib, oder mit rosenkreuzerischer Bezeichnung: zu dem Seelenleib. Diesen Astralleib hat der Mensch nur noch gemeinsam mit den Tieren. Wo Empfindung auftritt, Lust und Leid, Freude und Schmerz, Affekte und Leidenschaften, da ist der Astralleib der Träger von diesen inneren Erlebnissen eines Wesens; auch Wünsche, Begierden, das alles ist, wie man sagt, im Astralleib verankert. Dieser Astralleib muß wiederum so charakterisiert werden, daß wir sagen, es ist in ihm das, was auch in der Tierwelt ist. Nun hat auch die Tierwelt ein Bewußtsein. Die astrale Wesenheit von Mensch und Tier wird zusammengehalten von Kräften, die in der astralen Welt, in der imaginativen, oder wie der Rosenkreuzer sich ausdrückt, in der elementarischen Welt liegen, so daß die Kräfte, die den Astralleib zusammenhalten und ihm die Gestalt geben, die er hat, in der astralen Welt in ihrer wahren Gestalt erkannt werden können. Deshalb hat auch das Tier sein Ich-Bewußtsein in dieser Welt. Wie wir beim Menschen von einer Individualseele sprechen, so sprechen wir beim Tier von einer Gruppenseele, und diese ist auf dem Astralplan zu finden. Nur daß nicht das einzelne Tier, das hier auf dem physischen Plan lebt, sondern die Gattung, alle Löwen, alle Tiger zusammen, ein Ich gemeinschaftlich haben, das Sie als Gruppenseele auf dem Astralplan zu suchen haben. So ist das, was hier vom Tier lebt, nur verständlich, wenn Sie es verfolgen können bis auf den Astralplan hinauf. Sie würden Stränge finden, die zum Beispiel von den Löwen ausgehen und sich im Astralplan vereinigen zu dem gemeinsamen Gruppen-Ich der hier auf der Erde lebenden Löwenindividuen.

So wie der Mensch ein individuelles Ich hat, so lebt auch in jedem Astralleib etwas von einem Gruppen-Ich. Dieses Tier-Ich lebt im menschlichen Astralleib, und dann erst wird der Mensch unabhängig von diesem Tier-Ich, wenn er astral sehend wird, ein Genosse wird der astralen Wesenheiten, wenn ihm die Gruppenseelen der Tiere auf dem Astralplan begegnen wie hier die einzelnen Tierwesen. Dort wandern Wesen herum, die nur zersplittert herunterkommen können als so und so viele Tiere auf den physischen Plan. Beim Ablauf ihres Lebens kommen sie wieder dazu, sich mit dem übrigen Teil dieser Wesenheit auf dem Astralplan zu vereinigen. Eine ganze Tiergruppe ist oben auf dem Astralplan ein Wesen, mit dem man reden kann wie mit einem einzelnen Individuum hier. Sie sehen etwas anders aus, aber sie sind nicht mit Unrecht in dem zweiten apokalyptischen Siegel dadurch charakterisiert, daß man ihnen verschiedene Gestalten gibt, daß man sagt, sie zerfallen in vier Klassen, in Löwe, Adler, Stier und Mensch — Mensch, der noch nicht auf den physischen Plan hinuntergestiegen ist. Diese vier apokalyptischen Tiere sind die vier Klassen der Gruppenseelen, die dem Menschen in seiner individuellen Seele auf dem Astralplan am nächsten stehen.

Nun wollen wir dasjenige ins Auge fassen, was der Mensch nicht mehr gemeinsam hat mit der ihn umgebenden Welt, jene Wesenheit, die im Ich ihren Ausdruck findet. Durch dieses vierte Glied seiner Wesenheit ist er die Krone der physischen Erdenschöpfung. Hier in diesem Glied ist erst seiner Natur dasjenige gegeben, was das Bewußtsein hier unten auf dem physischen Plan hat. Wie das Mineralbewußtsein auf dem Arupa-Devachan, das Pflanzenbewußtsein auf dem Rupa-Devachan, das Tierbewußtsein auf dem Astralplan, so liegt das Ich-Bewußtsein des Menschen als viertes Glied seiner Wesenheit in der physischen Welt. Hier erst in seinem Ich hat der Mensch etwas, wohinein sich kein anderes Wesen drängt, kein anderes Bewußtseins-Ich hineintritt.

Nun haben wir den viergliedrigen Menschen kennengelernt; er ist physischer Mensch, Äthermensch, Astralmensch und Ich. Es handelt sich nun aber darum, daß alles das noch nicht die ganze menschliche Natur umfaßt. Diese vier Glieder hatte der Mensch auch bei der allerersten Inkarnation hier auf der Erde, und der Durchgang durch die verschiedenen Verkörperungen bedeutet eine Höherentwickelung des Menschen. Sie besteht darin, daß der Mensch von seinem Ich aus jetzt seine drei früher genannten Glieder durcharbeitet. Betrachtet man einen Menschen der urfernen Vergangenheit in seiner ersten Inkarnation auf der Erde, so folgt solch ein Mensch all seinen Affekten, Begierden. Er hat zwar seine vier Glieder, auch das Ich, benimmt sich aber wie ein Tier. Vergleicht man nun einen solchen Menschen mit einem hohen Idealisten, so besteht der Unterschied darin, daß der erstere

Mensch, der Wilde, noch nicht von seinem Ich aus an seinem Astralleib gearbeitet hat. Darin besteht der nächste Fortschritt der Menschheitsevolution, daß der Mensch an seinem Astralleib arbeitet. Bei einem solchen Menschen drückt sich diese Arbeit dadurch aus, daß gewisse ursprüngliche Eigenschaften dieses Astralleibes von innen in seine Herrschaft genommen sind. Der europäische Durchschnittsmensch sagt sich von gewissen Trieben: ihnen darfst du folgen — bei anderen verbietet er sich dies. Soviel nun der Mensch von dem, was ursprünglich in seinem Astralleib gelebt hat, unter die Herrschaft seines Ichs gebracht hat, nennen wir Geistselbst; es ist dasselbe, was mit Manas bezeichnet worden ist. Dieses Manas ist ein Umwandlungsprodukt des Astralleibes durch das Ich. Stofflich ist es dasselbe wie der Astralleib. Es ist nur eine andere Art der Anordnung desjenigen, was ursprünglich im Astralleib war und nun zum Geistselbst umgestaltet wurde.

Derjenige Mensch, der sich weiterentwickelt, erlangt die Fähigkeit, nicht nur an seinem Astralleib, sondern vom Ich aus auch an seinem Ätherleib zu arbeiten. Machen wir uns klar, welches der Unterschied ist zwischen dem Arbeiten am Astralleib und dem Arbeiten am Ätherleib. Erinnert man sich, was man gewußt hat, als man ein achtjähriges Kind war, und bedenkt man, was man seither dazugelernt hat, so ist das ungeheuer viel. Jeder hat eine große Summe von Begriffen aufgenommen, die ihn veranlassen, daß er nicht mehr blindlings seinen Affekten und Leidenschaften folgt. Erinnert man sich aber, daß man zum Beispiel ein jähzorniges Kind war und wie weit man den Jähzorn überwunden hat, so wird man finden, er wird doch noch manchmal durchkommen. Oder wie wenig es einem gelungen ist, wenn man ein schlechtes Gedächtnis hatte, dasselbe zu ändern, oder wie wenig der Mensch seine charakteristischen Anlagen, die Stärke und Schwäche seines Gewissens, umwandelt. Ich habe öfters verglichen das, was der Mensch umwandelt an Temperament und so weiter, mit dem langsamen Vorrücken des Stundenzeigers an der Uhr. Darin beruht gerade das Wesen der Einweihung des Schülers: als eine bloße Vorbereitung wird betrachtet, was das Lernen ist; viel wesentlicher und mehr getan für die Einweihung ist es, wenn das, was Temperament ist, umgewandelt wird. Hat man ein schwaches Gedächtnis in ein starkes, hat man Jähzorn in

Sanftmut, hat man ein melancholisches Temperament in ein gleich-mütiges verwandelt, dann hat man mehr getan, als wenn man noch so viel gelernt hätte. Darin ist eine Quelle innerer okkulter Kräfte. Das ist der Ausdruck dafür, daß das Ich am Ätherleib arbeitet, nicht bloß am Astralleib.

Insofern, als diese Anlagen sich äußern, muß man sie zwar auch im Astralleib suchen; wenn man sie aber verändern will, muß man sie im Ätherleib suchen, und verändern kann man sie nur dadurch, daß man den Ätherleib bearbeitet. Soviel, als das Ich umgewandelt hat im Äther-leib, soviel ist vorhanden in einem Menschen von dem, was man mit einem deutschen Ausdruck Lebensgeist, im Gegensatz zum Lebensleib, bezeichnet. In der theosophischen Literatur wird das mit Buddhi be-zeichnet. Die Substanz der Buddhi ist nichts anderes als der durch das Ich umgewandelte Teil des Ätherleibes.

Wenn nun das Ich so stark wird, daß es nicht nur den Ätherleib um-wandeln lernt, sondern auch den physischen, den dichtesten der Men-schennatur — denjenigen, der so geformt ist, daß seine Kräfte weit hinausreichen in die höchste der Welten —, dann sagen wir: Der Mensch bildet in sich aus das höchste Glied seiner gegenwärtigen Natur, das, was man Atma oder den eigentlichen Geistesmenschen nennt. Die Kräfte für die Umwandlung des physischen Körpers sind in der höch-sten Welt zu suchen. Man beginnt die Umwandlung des physischen Leibes mit der Umwandlung des Atmungsprozesses, denn Atma heißt Atmen. Durch eine solche Umwandlung ändert man die Blutbeschaf-fenheit, welche am physischen Körper arbeitet, so daß man dadurch hinaufarbeitet bis in die höchste der Welten.

Nun muß man unterscheiden zwischen zwei Formen der Umwand-lung, und wenn man es genauer ausdrücken will, spricht man von einer unbewußten und einer bewußten Umwandlung. In Wahrheit hat jeder Europäer unbewußt von seinem Ich aus die niederen Glieder seiner Natur umgewandelt. Bewußt wandelt er sie um in seinem jetzigen Ent-wickelungszyklus nur in bezug auf Manas, und er muß ein Eingeweih-ter werden, wenn er bewußt seinen Ätherleib umwandeln lernen will.

Wir haben also die ursprünglichen drei Glieder der Menschennatur, die jeder Mensch hat, auch der primitivste auf der ersten Entwickelungsstufe, und darin das Ich. Nun beginnt die Umgestaltung. Sie war lange Zeit eine unbewußte; jetzt beginnt die Menschheit den Astralleib bewußt umzugestalten. Die Eingeweihten gestalten jetzt bewußt den Ätherleib um, und in der Zukunft werden alle Menschen den Ätherleib und den physischen Leib bewußt umgestalten.

So haben wir die drei ursprünglichen Glieder der Menschennatur: physischen Leib, Ätherleib, Astralleib und dann das Ich. Das Ich wirkt umgestaltend; man sieht das Ich zuerst diese drei Glieder umgestalten, was für den gegenwärtigen Menschen ein Prozeß der Vergangenheit ist. Es hat unbewußt als Anlage entstehen lassen Empfindungsseele, Verstandesseele, Bewußtseinsseele.

Man unterscheidet in der rosenkreuzerischen Theosophie Empfindungsseele, Verstandesseele, Bewußtseinsseele. Erst in der Bewußtseinsseele leuchtet auf die bewußte Umgestaltung; da fängt das Ich an, bewußt an der Umgestaltung zu arbeiten. Es wird zuerst im Astralleib das Geistselbst entwickelt. Innerhalb des Ätherleibes wird entwickelt der Lebensgeist, als Gegenstück zum Lebensleib, und weiter wird im physischen Leib entwickelt der eigentliche Geistesmensch, Atma. So haben wir im ganzen neun Glieder der menschlichen Natur.

Für den äußeren Anblick stecken zwei dieser Glieder der menschlichen Natur, Empfindungsseele und Seelenleib, gleichsam ineinander, wie das Schwert in der Scheide. Die Empfindungsseele steckt im Seelenleib, so daß sie beide als eines erscheinen. Ebenso sind Geistselbst und Bewußtseinsseele eins, so daß diese neun Glieder sich auf sieben reduzieren.

Nun kann man als sieben Glieder aufzählen:

1. Physischer Leib
2. Äther- oder Lebensleib
3. Astralleib, in welchem die Empfindungsseele steckt, und dann
4. das Ich

und als die höheren Glieder:

5. Geistselbst oder Manas mit der Bewußtseinsseele
6. Lebensgeist oder Buddhi, und als höchstes
7. Geistesmensch oder Atma

So ist der innere Zusammenhang der Menschennatur, die in Wahrheit eigentlich neun Glieder darstellt, wobei zwei mal zwei zusammenfallen.

32

Daher unterscheidet man in der rosenkreuzerischen Methode drei mal drei = neun Glieder, die sich durch diese Zusammenkoppelung gleichsam reduzieren auf sieben. Wir müssen aber in der sieben die neun erkennen, sonst werden wir nur zu einem theoretischen Anschauen kommen.

9. Geistesmensch
8. Lebensgeist
7. Geistselbst
6. Bewußtseinsseele
5. Verstandesseele
4. Empfindungsseele
3. Astralleib
2. Lebensleib
1. Physischer Leib

Das Ich leuchtet auf in der Seele, dann beginnt die Arbeit an den Leibern.

Aber den Übergang von der Theorie ins Leben kann man nur gewinnen, wenn man die Natur der Sache wirklich betrachtet. Was hier angedeutet ist, soll uns morgen leiten, wenn wir zur Betrachtung des schlafenden, des tagwachenden und des toten Menschen aufsteigen.

# DRITTER VORTRAG
München, 26. Mai 1907

Wir werden heute den Menschen in seinem Zustande des Wachens hier in der physischen Welt, in dem Zustande des Schlafes und des sogenannten Todes betrachten. Den Zustand des Wachens kennt jeder aus der eigenen Erfahrung.

Wenn der Mensch in Schlaf versinkt, dann zieht sich gleichsam alles, was Astralleib, Ich und das, was das Ich im Astralleib gearbeitet hat, heraus aus dem physischen und dem Ätherleib. Wenn Sie hellsehend den schlafenden Menschen betrachten, dann haben Sie im Bette liegend den physischen und den Ätherleib. Diese zwei Glieder bleiben in dem Zusammenhang, in dem sie sonst auch sind, während der Astralleib alles, was höhergliedrig ist, herauszieht, so daß man hellsehend verfolgen kann, wie im Einschlafen der Astralleib in einem gewissen Licht sich aus den erstgenannten zwei Leibern herauszieht. Wenn dieser Zustand noch genauer beschrieben werden soll, muß man sagen, daß der Astralleib bei dem heutigen Menschen gegliedert erscheint durch mannigfache Strömungen und Licht-Erglänzungen, und wenn man diese summarisch anschaut, so sieht das Ganze aus wie zwei ineinandergeschlungene Spiralen, gleichsam wie zwei ineinandergeschlungene 6-Zahlen, von denen sich die eine in den physischen Leib hinein verliert, die andere aber weit hinaus wie ein Kometenschweif in den Kosmos sich erstreckt. Es werden nur diese beiden Schweife des Astralleibes sehr bald unsichtbar in ihrer weiteren Verbreitung, so daß die Erscheinung dann mit der Form eines Eies sich vergleichen läßt. Wenn der Mensch wiederum aufwacht, verliert sich der in den Kosmos hinausgehende Schweif, und das Ganze zieht sich wieder hinein in den Äther- und physischen Leib.

Ein Zwischenzustand zwischen Wachen und Schlafen ist ja das Träumen. Der traumerfüllte Schlaf ist dann vorhanden, wenn der Astralleib zwar schon ganz seine Verbindung mit dem physischen Leib gelöst hat, gleichsam seine Fühlfäden aus dem physischen Leib herausgezogen hat, aber noch mit dem Ätherleib verbunden ist. Dann wird

34

das Blickfeld des Menschen von jenen Bildern durchzogen, die wir die Träume nennen. Es ist das sachlich ein Zwischenzustand, weil der Astralleib seine Verbindung mit dem physischen Leib vollständig gelöst hat, während er noch mit dem Ätherleib in gewisser Weise zusammenhängt.

Das also ist der schlafende Mensch, der in seinem Astralleib, außerhalb seines physischen und Ätherleibes, lebt. Daß der Mensch in solchen Schlaf versinken muß, hat in der ganzen Natur seine tiefe Berechtigung. Sie dürfen sich nicht vorstellen, daß der Astralleib, wenn er in der Nacht beim Schlaf außerhalb des physischen und Ätherleibes ist, untätig sei und keine Arbeit hätte. Wenn während des Tages der Astralleib im physischen und Ätherleib ist, treffen ihn die Wirkungen von der Außenwelt, die der Mensch erhält durch die eigene Tätigkeit des Astralleibes, durch seine Sinneseindrücke, durch seine Tätigkeit in der physischen Welt. Alles, was der Mensch so erhält an Gefühlen und Empfindungen, alles, was von außen auf ihn einwirkt, setzt sich fort bis zum Astralleib. Das ist der eigentlich empfindende und denkende Teil des Menschen, und der physische Leib und auch das, was im Ätherleib ist, sind nur seine Vermittler, die Instrumente. Alles, was denkt und will, ist im Astralleib. Während der Mensch am Tage in der Außenwelt tätig ist, erhält so der Astralleib fortwährend Eindrücke von der äußeren Welt. Auf der anderen Seite aber halten wir fest, daß der Astralleib der eigentliche Aufbauer vom Äther- und vom physischen Leibe ist. Ebenso, wie der physische Leib in allen seinen Organen herauserstarrt, verhärtet ist aus dem Ätherleib, so ist alles, was im Ätherleib strömt und tätig ist, herausgeboren aus dem Astralleib.

Woraus ist nun der Astralleib selber geboren? Er ist geboren aus dem allgemeinen astralischen Organismus, der unsern ganzen zu uns gehörenden Kosmos durchwebt. Wenn Sie sich durch ein Gleichnis dieses Verhältnis vorstellen wollen, das Verhältnis des kleinen Teils von astraler Körperlichkeit in Ihrem Leibe zu dem ganzen mächtigen Astralmeere, in dem alle Menschen, Tiere, Pflanzen, Mineralien und auch Planeten schwingen und aus dem sie herausgeboren sind, wenn Sie dieses Verhältnis des astralen Leibes zum Astralorganismus sich vorstellen wollen, so denken Sie sich einen Tropfen einer Flüssigkeit in einem Gefäße. Wie der Tropfen sein ganzes Sein hat von der Flüssigkeit, die in dem Gefäße ist, so ist das, was in einem Astralleib ist, einmal eingeschlossen gewesen in dem ganzen Astralmeere des Kosmos. Es hat sich herausgetrennt, und dadurch, daß es eingezogen ist in den Äther- und physischen Leib, hat es sich abgesondert wie der Tropfen aus dem Gefäße.

Solange der Astralleib im Schoße des allgemeinen Astralleibes ruhte, erlangte er seine Gesetze, seine Eindrücke von diesem ganzen kosmischen Astralkörper. Er lebte innerhalb dieses kosmischen Astralleibes sein Leben. Seit diesem Heraustrennen ist er während des Tagwachens angewiesen auf die Eindrücke, die er von der physischen Welt erhält, so daß er seine Natur teilen muß zwischen den Eindrücken, die er noch mitgebracht hat von dem kosmischen Astralleib, und denen, die er jetzt von außen erhält durch die Tätigkeit, die ihm von der physischen Welt zugewiesen ist. Diese zwei Seiten werden, wenn der Mensch am Ziel seiner Erdenentwickelung angelangt sein wird, eine Harmonie ergeben. Heute ist das nicht der Fall, es klingen diese zwei Wirkungen nicht zusammen.

Nun ist der Astralleib der Aufbauer des Ätherleibes und dadurch indirekt — weil der Ätherleib wieder den physischen Leib aufbaut — auch der Aufbauer des physischen Leibes. Alles, was der Astralleib im Laufe der Zeiten Stück für Stück aufgebaut hat, ist herausgeboren aus dem großen kosmischen Astralmeere. Dadurch, daß aus diesem Astralmeer nur Harmonie, nur gesunde Gesetzmäßigkeit herausgekommen ist, ist das Bauen des Astralleibes am Äther- und physischen Leib ursprünglich gesund, harmonisch; durch jene Einflüsse aber, die der Astralleib von außen, aus der physischen Welt, erhält und die seine ursprüngliche Harmonie beeinträchtigen, kommen alle Störungen des physischen Leibes zustande, die beim heutigen Menschen vorhanden sind.

Würde der Astralleib ständig im Menschen drinnen sein, so würde der starke Einfluß der physischen Welt bald die gesamte Harmonie zerstört haben, die sich der Astralleib aus dem kosmischen Meere mitgebracht hat. Sehr bald würde sich der Mensch durch Krankheit und Ermüdung abnützen. Während des Schlafes zieht sich der Astralleib zurück von den Eindrücken der physischen Welt, die nichts mehr enthält, was Harmonie gibt, und geht ein in die allgemeine Harmonie des Kosmos, aus der er herausgeboren ist. Und so bringt er sich des Morgens die Nachklänge dessen mit, was er an Erneuerung während der Nacht erlebt hat. Es erneuert der Astralleib während jeder Nacht seine Harmonie mit dem großen kosmischen Astralmeere, und so zeigt sich auch dem Hellseher dieser Astralleib gar nicht untätig; er sieht einen Zusammenhang zwischen dem Astralmeere und dem einen kometenähnlichen Schweif des Astralleibes und kann sehen, wie dieser Teil arbeitet an der Fortschaffung der durch die disharmonisierende Welt erzeugten Erschlaffung. Diese Tätigkeit des Astralleibes drückt sich dadurch aus, daß man sich am Morgen gestärkt fühlt. Allerdings muß sich der Astralleib, der während der Nacht in der großen Harmonie gelebt hat, erst wieder hineinfinden in die physische Welt. Deshalb erscheint das größte Gefühl der Stärkung erst einige Stunden später, nachdem der Astralleib wiederum den physischen Leib bezogen hat.

Nun wollen wir zu dem Bruder des Schlafes, zum Tode, übergehen und uns klarmachen, welches der Zustand des Menschen nach dem Tode ist. Der tote Mensch unterscheidet sich dadurch von dem bloß schlafenden, daß beim toten Menschen der Ätherleib mitgeht mit dem Astralleib und nur den physischen Leib hier in der physischen Welt zurückläßt. Dieses Herausdringen des Ätherleibes aus dem physischen Leibe ist niemals beim Menschen von der Geburt bis zum Tode vorhanden, wenn er nicht gewisse Einweihungszustände durchmacht.

Ein wichtiger Augenblick für den Menschen, der gestorben ist, ist der Moment unmittelbar nach dem Tode. Er dauert ja längere Zeit, Stunden, selbst Tage. In diesem Zustande zieht vor der Seele des toten Menschen vorbei das ganze Leben der letzten Inkarnation wie in einem großen Erinnerungs-Tableau. Dies ist bei jedem Menschen nach dem Tode vorhanden. Die Eigentümlichkeit dieses Tableaus besteht darin, daß, solange es in der Art ist, wie es unmittelbar nach dem Tode sich zeigt, in ihm wie gestrichen sind alle die Erlebnisse, die der Mensch subjektiv bei seinem Gang durch die Welt durchgemacht hat. Wir haben bei unseren verschiedenen Erlebnissen immer auch das Gefühl der Lust und des Schmerzes, der Erhebung oder der Traurigkeit gehabt. Unser äußeres Anschauen war immer mit einem Innenleben verknüpft. Alle die Freuden und Schmerzen, die sich an die Bilder des Lebens heften, sind bei dieser Rückerinnerung nicht vorhanden. Man steht diesem Erinnerungstableau ebenso objektiv gegenüber wie einem Gemälde. Wenn dasselbe einen Menschen darstellt, der traurig, der von Schmerzen erfüllt ist, so sehen wir ihn objektiv an. Wir können wohl seine Traurigkeit nachfühlen, doch empfinden wir nicht unmittelbar den Schmerz, den der Mensch gehabt hat. So ist es mit den Bildern dieses Tableaus unmittelbar nach dem Tode: es breitet sich aus, und man sieht in Zeiträumen, die erstaunlich sind, weil sie so kurz sind, alle Einzelheiten, die sich im Leben zugetragen haben.

Die Trennung des physischen Leibes vom Ätherleib während des Lebens ist sonst nur bei einem Eingeweihten vorhanden; doch gibt es gewisse Augenblicke, wo wie mit einem Ruck der Ätherleib sich löst von dem physischen Leib. Das ist dann der Fall, wenn der Mensch besonders schreckhafte Erlebnisse hat, zum Beispiel bei einem Absturz oder bei der Gefahr des Ertrinkens. Dann findet durch diesen mächtigen Schock eine Art Lösung des Ätherleibes vom physischen Leibe statt. Die Folge davon ist, daß in solchem Augenblick das ganze bisherige Leben wie eine Erinnerung vor der Seele des Menschen steht. Da haben wir ein Analogon für das Erlebnis nach dem Tode.

Partielle Trennungen des Ätherleibes finden auch statt, wenn ein Glied eingeschlafen ist. Wenn zum Beispiel die Hand eingeschlafen ist, so kann der Seher beobachten, wie der Ätherteil, der der Hand entspricht, heraushängt wie ein Handschuh. Ebenso hängen Teile des Äthergehirnes heraus, wenn der Mensch in einem hypnotischen Zustande sich befindet. Weil der Ätherleib eingesponnen ist in ganz kleinen punktartigen Gebilden im physischen Leib, so entsteht das bekannte eigentümliche Gefühl des Prickelns bei einem eingeschlafenen Gliede.

Nach Ablauf der Zeit, während der sich der Ätherleib in Verbindung mit dem Astralleib aus dem physischen Leib herausgelöst hat, kommt der Moment, wo der Astralleib mit all dem, was die höheren Glieder sind, wiederum sich herauslöst aus dem Ätherleib. Dieser letztere trennt sich ab, das Erinnerungs-Tableau verglimmt. Aber es bleibt dem Menschen etwas davon, es geht nicht ganz verloren. Zwar das, was man nennen könnte Äther- oder Lebenssubstanz, zerstreut sich in den ganzen Weltenäther, aber eine Art Essenz bleibt davon, die dem Menschen niemals wieder auf der ferneren Wanderung seines Lebens verlorengehen kann. Er nimmt sie wie eine Art Extrakt aus dem Lebens-Tableau mit in alle seine zukünftigen Inkarnationen, wenn er sich dessen auch nicht erinnern kann. Das, was sich aus diesem Erinnerungsextrakt bildet, nennt man konkret-real den Kausalleib. Nach jedem Leben legt sich ein neues Blatt zu dem Lebensbuch hinzu. Das vermehrt die Lebensessenz und bewirkt, wenn die vergangenen Leben fruchtbar waren, daß sich das nächste in der entsprechenden Weise entfaltet. Darin liegt die Ursache, weshalb ein Leben reich oder arm an Talenten, Anlagen und so weiter ist.

Um das Leben des Astralleibes nach seiner Trennung vom Ätherleibe zu verstehen, müssen wir einen Blick tun auf physische Verhältnisse. Im physischen Leben ist es der Astralleib, der sich freut, der leidet, der seine Begierden, Triebe und Wünsche befriedigt durch die Organe des physischen Leibes. Nach dem Tode fehlen ihm diese physischen Instrumente. Der Feinschmecker kann seine Lust an guten Dingen nicht mehr befriedigen, denn die Zunge fehlt ihm; die ist mit dem physischen Leibe fortgegangen. Die Begierde aber bleibt dem Menschen, da diese mit dem Astralleib zusammenhängt, und daraus resultiert der brennende Durst der Kamaloka-Zeit. Kama heißt Begierde, Wunsch; loka wäre der Ort, doch ist es in Wirklichkeit kein Ort, sondern ein Zustand.

Wer schon herauswächst innerhalb des physischen Lebens aus dem physischen Leibe, der kürzt seine Kamaloka-Zeit ab. Es ist ein wirkliches Herauswachsen, wenn wir uns an Gegenständen des Schönen, der Harmonie entzücken. Sie führen uns schon hier aus der sinnlichen Welt heraus. Die sinnlich-materialistische Kunst bedeutet eine Erschwerung des Kamaloka-Zustandes, während die spirituelle Kunst eine Erleichterung desselben bedeutet. Jede edle, durchgeistigte Lust kürzt Kamaloka ab. Deshalb müssen wir uns schon hier jene Lüste und Begierden abgewöhnen, welche nur durch das sinnliche Instrument befriedigt werden können. Kamaloka-Zeit bedeutet eben eine Zeit des Abgewöhnens der sinnlichen Lüste und Triebe. Diese Zeit dauert ungefähr ein Drittel des gewöhnlichen Lebens. Etwas Eigentümliches gibt es beim Durchleben dieser Kamaloka-Zeit. Sie vollzieht sich so, daß der Mensch anfängt, wirklich sein ganzes Leben zu durchleben. War es gleich nach dem Tode ein lust- und leidloses Erinnerungsbild, so durchlebt er jetzt alle Lust und alles Leid wirklich noch einmal, und zwar in umgekehrter Art, so daß er alle Lust, alles Leid, das er anderen zugefügt hat, in sich selbst erleben muß. Mit dem Karmagesetz hat dies nichts zu tun.

Man fängt das Zurückerleben bei dem letzten Erlebnis vor dem Tode an und geht mit dreifacher Schnelligkeit bis zur Geburt zurück. In dem Moment, wo der Mensch in seinem Rückerinnern bei seiner Geburt angelangt ist, gesellt sich der Teil des Astralleibes, der vom Ich bearbeitet und umgestaltet ist, zum Kausalleib, dagegen fällt ab wie ein Schatten und Schemen dasjenige, was der Mensch noch nicht bearbeitet hat. Das sind die astralen Leichname der Menschen. Dann hat der Mensch abgelegt den physischen, den Äther- und jetzt auch den astralen Leichnam. Er durchlebt jetzt neue Zustände, die des Devachan. Devachan ist ebenso um uns wie die astrale Welt.

Wenn der Mensch sein Leben bis in die Kindheit zurückgelebt hat, wenn er also die drei Leichname abgestreift hat, ist der Zustand erreicht, den die biblische Urkunde geheimnisvoll andeutet in den Worten: So ihr nicht werdet wie die Kindlein, werdet ihr nicht in das Himmelreich kommen. — Devachan, geistige Welt, ist das Himmelreich im christlichen Sinne.

Wir müssen nun die Welt des Devachan selbst beschreiben. Sie ist eine ebenso mannigfaltige und gegliederte wie unsere physische Welt. Ebenso, wie wir in unserer physischen Welt feste Gebilde unterscheiden, Kontinente, wie wir um das Feste herum eine Wassermasse haben, dann die Luft und darüber hinaus feinere Zustände, ebenso haben wir auch eine solche Gliederung im Devachan, im geistigen Reich. Man hat in Analogie mit den Verhältnissen auf der Erde die Dinge, die man im Devachan findet, mit ähnlichen Namen belegt.

Wir haben da zunächst ein Gebiet, das sich vergleichen läßt mit den festen physischen Gebieten. Das ist das kontinentale Gebiet im Devachan. Dort findet man alles, was hier auf der Erde physisch ist, als geistige Wesenheiten. Man denke sich zum Beispiel einen physischen

Menschen. Mit dem devachanischen Schauen betrachtet, erscheint er so: es verschwindet, was die physischen Sinne wahrnehmen, dagegen fängt es an aufzuleuchten dort, wo beim physischen Menschen nichts ist. Rund um den Menschen herum fängt es an zu glänzen und zu leuchten. In der Mitte, wo der physische Körper ist, ist ein leerer Raum, wie eine Art ausgespartes Negativ, wie eine Schattenfigur. Tier und Mensch so betrachtet, erscheinen im Negativbilde. Blut erscheint grünlich in der Gegenfarbe. Alle Gebilde, die hier physisch sind, sind da oben irgendwie in den Urbildern vorhanden.

Ein zweites Gebiet, jedoch nicht abgegrenzt, wie eine zweite Stufe ist das Meeres-, das Ozeangebiet des Devachan. Es ist nicht Wasser, es ist eine eigentümliche Substanz, die in regelmäßigen Strömungen wirklich durchsetzt das Gebiet des Devachan, in einer Farbe, die man vergleichen kann mit der jungen Pfirsichblüte im Frühling. Flüssiges Leben ist dies, welches das ganze Devachan durchzieht. Das, was sich hier unten verteilt auf die einzelnen Menschen und Tiere, das ist dort oben als eine Art wässerigen Elementes vorhanden. Wir haben ein Bild davon, wenn wir an die Verteilung des Blutes im Menschen denken.

Das dritte Gebiet kann man am besten charakterisieren, wenn man sagt, daß in ihm alles das als Äußeres vorhanden ist, was hier im Innern der Wesen an Empfindungen, Gefühlen, Lust und Leid, Freude und Schmerz lebt. Es wird hier zum Beispiel eine Schlacht geschlagen. Kanonen, Gewehre und so weiter, das ist alles auf dem physischen Plan. Aber innerhalb der Wesen hier auf dem physischen Plan ist vorhanden gegenseitiges Rachegefühl, Schmerz, Leidenschaften. Die zwei Heere stehen sich mit einer Fülle von polaren Leidenschaften gegenüber. Denke man sich das Ganze umgesetzt in äußere Erscheinungen, dann hat man das Bild, wie es sich auf dem Devachanplan ausnimmt. Wie wenn sich hier ein furchtbares Gewitter entlädt, sieht man dort dasjenige, was sich hier auf einem Schlachtfelde vollzieht. Das ist die Atmosphäre, der Luftkreis des Devachan. So wie unsere Erde eine Lufthülle umgibt, so ist dort ausgebreitet wie eine Atmosphäre alles, was sich hier auf dem physischen Plan an Gefühlen entlädt, ob es nun hier im Physischen zur Ausgestaltung kommt oder nicht.

Das vierte Gebiet des Devachan enthält die Urformen, die Urgründe von all dem, was hier auf der Erde originell geleistet worden ist. Wenn wir uns umsehen, wenn wir die Geschehnisse der physischen Welt prüfen, so finden wir, daß weitaus die meisten inneren Vorgänge von außen veranlaßt werden. Eine Blume, ein Tier bereitet uns Freude; ohne die Blume, ohne das Tier würden wir diese Freude nicht empfinden. Es gibt aber auch solche Vorgänge, die nicht von außen veranlaßt werden. Ein neuer Gedanke, ein Kunstwerk, eine neue Maschine bringt etwas in die Welt, was noch nicht da war. Auf allen diesen Gebieten geschehen originelle Schöpfungen. Die Menschheit würde nicht vorwärtskommen, wenn nicht Neues in die Welt hineingebracht würde. Besonders originelle Dinge, welche die großen Künstler und Erfinder der Welt gegeben haben, sind nur gradweise höher als jede andere originelle Handlung, selbst die unbedeutendste. Es kommt darauf an, daß etwas originell im Innern entsteht. Auch für die unbedeutendsten originellen Handlungen sind schon Vorbilder im Devachan vorhanden. Alles das ist oben schon vorgezeichnet. Was originaliter von den Menschen geleistet wird, angelegt ist es dort schon vor der Geburt des Menschen.

So finden wir im Devachan vier Gebiete, deren Gegenbilder auf dem physischen Plan Erde, Wasser, Luft und Feuer sind: das kontinentale Gebiet als die feste Kruste des Devachan, natürlich im geistigen Sinne, dann das Meeresgebiet, das entspricht unserem Wassergebiet, das Luftgebiet, die Strömungen der Leidenschaften und so weiter — Schönes, aber auch Sturmvolles findet sich dort —, und endlich das, was alles durchzieht, die Welt der Urbilder. Alles das, was in der physischen Welt später von Wesen, die wieder zurückkehren in die physische Welt, geleistet wird an Willensimpulsen und originellen Ideen, alles das muß die Seele durchleben und durchweben, um sich dort neue Kraft zu sammeln für das neue Leben.

# VIERTER VORTRAG

München, 28. Mai 1907

Vorgestern haben wir beschrieben das Gebiet und die Welten, die der Mensch zu durchschreiten hat nach dem Tode, nachdem alles dasjenige im Kamaloka oder, wie man in der Rosenkreuzer-Theosophie sagt, in der elementaren Welt abgestreift ist, was noch bindet an das physische Instrument dieser Welt. Wir haben ferner beschrieben das sogenannte Rupa-Devachan oder das Gebiet, das man genannt hat die himmlische oder inspirierende Welt. Wir haben gesehen, daß dieses Gebiet, das eigentliche Geisterland, gleich dem Gebiet unserer physischen Welt eine Viergliedrigkeit aufweist. Wir haben das kontinentale Gebiet, welches durchsetzt ist von einer Art Ozean- und Flußgebiet, das wir aber besser noch mit der Form des Blutkreislaufs im Organismus des Menschen vergleichen. Wir haben gesehen, daß auch im Devachan, als Analogie zur Atmosphäre unserer Erde, im sogenannten Luftkreis sich alles das findet, was an Freuden und Leiden, an Schmerzen und Plagen die Seelen der in der physischen Welt befindlichen Wesen durchzieht, allerdings weit ausgedehnter, weil noch ganz andere Wesen dort leben, die nicht in physischen Leibern inkarniert sind. Wir haben endlich gesehen, daß im vierten Gebiet alles das, was originell ist, vom kleinsten Einfall bis zu dem Höchsten, was der Erfinder und Künstler leistet, als Vorbild zu finden ist. Dort ist das eigentlich Treibende, das unsere Erde vorwärtsbringt. Außer diesen Bestandstücken der eigentlichen geistigen Welt finden wir aber auch noch das, was unsere Erde verbindet mit noch höheren Welten.

Wir haben bis jetzt nur das entdeckt, was bloß Bezug hat auf unsere Erdenentwickelung; was darüber hinausgeht, haben wir noch nicht entdeckt. Derjenige, der eine Einweihung erhält, lernt kennen, was unsere Erde je war und sein wird und was sie verbindet mit andern Welten außerhalb unseres Systems.

Vor allen Dingen ist eins wichtig, was uns im Devachan, in dieser sogenannten Vernunftwelt, begegnet. Es ist das, was wir gewohnt sind, die Akasha-Chronik zu nennen. Nicht als ob dieselbe erzeugt würde im

Devachan, sie wird in einem noch höheren Gebiet hervorgebracht, aber man kann, wenn man bis zum Devachan hinaufgelangt ist, anfangen das zu sehen, was man die Akasha-Chronik nennt.

Was ist Akasha-Chronik? Wir machen uns den besten Begriff davon, wenn wir uns klar sind, daß alles, was auf unserer Erde oder sonst auf der Welt geschieht, einen bleibenden Eindruck auf gewisse feine Essenzen macht, der für den Erkennenden, der eine Einweihung durchgemacht hat, aufzufinden ist. Es ist keine gewöhnliche Chronik, sondern eine Chronik, die man als eine lebendige bezeichnen könnte. Nehmen wir an, ein Mensch lebte im ersten Jahrhundert nach Christo. Das, was er damals gedacht, gefühlt, gewollt hat, das, was in seine Taten übergegangen ist, ist nicht ausgelöscht, sondern es ist aufbewahrt in dieser feinen Essenz. Der Seher kann es «sehen». Nicht etwa so, wie wenn es aufgeschrieben wäre in einem Geschichtsbuche, sondern so, wie es sich zugetragen hat. Wie man sich bewegt, was man getan, wie man zum Beispiel eine Reise gemacht hat, kann man sehen in diesen geistigen Bildern. Man kann auch die Willensimpulse, die Gefühle, die Gedanken sehen. Doch wir dürfen uns nicht vorstellen, daß diese Bilder sich so ausnehmen, als wenn sie Abdrücke der physischen Persönlichkeiten hier wären; das ist nicht der Fall. Um ein einfaches Bild zu gebrauchen: Wenn man seine Hand bewegt, so ist der Wille des Menschen überall in den kleinsten Teilen der sich bewegenden Hand, und diese Willenskraft, die sich hier versteckt, die kann man sehen. Das, was jetzt geistig wirkt in uns und im Physischen ausgeflossen ist, das sieht man dort im Geistigen.

Suchen wir zum Beispiel Cäsar auf. Wir können alles, was er unternommen hat, verfolgen. Doch machen wir uns klar, daß wir mehr die Gedanken des Cäsar sehen können in der Akasha-Chronik. Wenn er sich vorgenommen hat, etwas zu tun, sieht man die ganze Folge von Willensentschlüssen bis zu dem Punkte, wo die Tat ausgeflossen ist ins Leben. Es ist nicht leicht, ein konkretes Ereignis in der Akasha-Chronik zu verfolgen; man muß sich zu Hilfe kommen durch Anknüpfung an Dinge, die man äußerlich erfahren hat. Will der Seher etwas von Cäsar verfolgen und vergegenwärtigt er sich ein Geschichtsdatum als Punkt, an den er anknüpft, dann ergibt sich das andere mit Leichtigkeit. Die geschichtlichen Daten sind zwar oft unzuverlässig, doch mitunter eine Hilfe. Wenn der Seher den Blick zurückwendet bis zu Cäsar, sieht er wirklich die handelnde Person des Cäsar wie geisthaftig, als ob er vor ihm stände, mit ihm spräche. Doch wenn der Mensch, der irgendwelche Gesichte haben kann, nicht genau Bescheid weiß in diesen höheren Welten, kann ihm verschiedenes passieren, wenn er den Blick in die Vergangenheit wendet.

Die Akasha-Chronik ist zwar zu finden im Devachan, doch sie erstreckt sich herunter bis in die astrale Welt, so daß man in dieser oft Bilder der Akasha-Chronik wie eine Fata Morgana finden kann. Sie sind aber oft unzusammenhängend und unzuverlässig, und das ist wichtig zu beachten, wenn man Forschungen über die Vergangenheit anstellt. Ein Beispiel soll die Gefährlichkeit dieser Verwechslungen andeuten. Wenn wir bei der Erdenentwickelung durch die Angaben der Akasha-Chronik zurückgeführt werden bis zu jenen Zeiten, wo die Atlantis bestand, ehe die große Flut kam und sie wegspülte, können wir die Vorgänge in dieser alten Atlantis verfolgen. Dieselben haben sich später in anderer Form noch einmal wiederholt. Lange vor der christlichen Zeit haben sich Ereignisse abgespielt in Norddeutschland, in Mitteleuropa, ostwärts von der Atlantis, bevor das Christentum von Süden heraufgezogen ist, die eine Wiederholung der atlantischen Ereignisse sind. Erst nachher, durch die Einflüsse, die von Süden kamen, ist die Bevölkerung selbständig geworden. — Hier ein Beispiel, wie leicht man Irrtümern ausgesetzt ist. Wenn jemand verfolgt die astralen Bilder der Akasha-Chronik, nicht die devachanischen Bilder, dann kann ihm eine Verwechslung mit diesen Wiederholungen der alten atlantischen Vorgänge passieren. Das ist wirklich der Fall gewesen in den Angaben von *Scott-Elliot* über Atlantis, die zwar durchaus stimmen, wenn man sie prüft in bezug auf die astralen Bilder, doch nicht mehr, wenn man sie anwendet auf die devachanischen der wirklichen Akasha-Chronik. Das mußte einmal gesagt werden. In dem Augenblick, wo man erkennt, wo die Quelle der Irrtümer ist, kann man leicht zur wahren Schätzung der Angaben kommen.

Noch eine andere Quelle des Irrtums kann kommen, wenn man sich auf die Angaben von Medien stützt. Medien, wenn sie entsprechende

Mediumität haben, können die Akasha-Chronik sehen, obgleich meist nur deren astrale Spiegelungen. Nun ist etwas Eigentümliches in der Akasha-Chronik. Wenn wir einen Menschen aufsuchen, benimmt er sich wie ein lebendes Wesen. Wenn wir Goethe aufsuchen, antwortet er nicht nur mit Worten, die er damals gesprochen hat, sondern er gibt Antwort im Goetheschen Sinn. Es kann sogar passieren, daß Goethe Verse sagt in seinem Stil und Sinn, die er gar nicht selbst geschrieben hat. Das Akasha-Bild ist so lebendig, daß es wie ursprünglich im Sinn des Menschen fortwirkt. Daher kann es geschehen, daß man es verwechselt mit dem Menschen selbst. Die Medien glauben, daß sie es zu tun haben mit dem im Geist fortlebenden Toten, während es doch nur dessen astrales Akasha-Bild ist. Cäsars Geist kann schon wieder verkörpert sein auf der Erde, sein Akasha-Bild antwortet in den Sitzungen. Es ist nicht die Individualität des Cäsar, sondern nur der bleibende Eindruck, den Cäsars Bild in der Akasha-Chronik hinterlassen hat. Hierauf beruht der Irrtum in zahlreichen Medien-Sitzungen. Wir müssen unterscheiden zwischen dem, was bleibt vom Menschen in seinem Akasha-Bilde, und dem, was sich fortentwickelt als die Individualität. Das sind sehr, sehr wichtige Dinge.

Wenn der Mensch Kamaloka verlassen hat, hat er sich entwöhnt aller der Verrichtungen, zu denen er das physische Instrument braucht. Er tritt ein in das Gebiet, das soeben beschrieben worden ist. Das ist eine sehr wichtige Zeit, die jetzt für ihn beginnt. Wir müssen uns klarmachen, was da geschieht mit dem Menschen.

Alles, was der Mensch früher nur gedacht hat, seine Gefühle und Leidenschaften, alles, was er hier erlebt hat, das tritt ihm da im Devachan entgegen in der Gestalt der Dinge um ihn herum. Zuerst sieht man den eigenen physischen Leib in seinem Urbilde. So wie wir hier auf der Erde über Felsen, Berge und Steine gehen, so geht man dort über alle die Gestalten, die hier in der physischen Welt vorhanden sind; also man geht dort auch über seinen eigenen physischen Leib. Das ist geradezu ein Kennzeichen für den Menschen nach dem Tode, daß er seinen eigenen physischen Leib als Sache außer sich selbst hat. Daran erkennt er, daß er vom Kamaloka ins Devachan hinaufgekommen ist. Hier spricht er zu seinem Leibe: «Das bin ich!» Dort sieht er ihn und sagt: «Das bist du!»

Die Vedanta-Philosophie läßt ihre Schüler meditativ einüben dieses «Das bist du!», damit sie durch Übungen dieser Art ein Verständnis dafür haben, zu ihrem Leib zu sagen: «Das bist du!» Außerdem sieht man um sich herum alles das, was man hier auf der Erde erlebt hat. Wenn ein Mensch hier Rache, Unliebe, allerlei schlimme Gefühle hegt gegen seine Mitmenschen, dann treten ihm diese schlimmen Gefühle entgegen wie eine Wolke außerhalb seiner selbst, und das ist eine Lehre für den Menschen. Er kann lernen, was das alles für eine Bedeutung und Wirkung hier in der Welt hat.

Wir müssen uns recht klarmachen, was da mit dem Menschen geschieht. Betrachten wir den physischen Menschen hier auf der Erde. Wodurch haben sich seine Organe, zum Beispiel seine Augen, gebildet? Es gab eine Zeit, wo es noch kein Auge gab. Es ist gebildet vom Licht. Das Licht hat das Auge aus der physischen Organisation herausgebildet. Das Licht ist die Ursache des Auges. So schaffen die Dinge, die uns umgeben, die Organe der physischen Welt. Auf der Erde schaffen sie Organe in physischen Körpern und Stoffen; im Devachan arbeiten die Dinge, die uns umgeben, an unserer seelischen Wesenheit, so daß alles das, was der Mensch sich hier angeeignet hat an guten und schlechten Gefühlen, sich dort in seiner Umgebung befindet, an seiner Seele arbeitet und so die seelischen Organe schafft. Ist man hier ein guter Mensch gewesen, dann leben dort die guten Eigenschaften in der devachanischen Luft. Sie arbeiten im Geistigen, sie schaffen Organe. Diese Organe dienen als Architekten, als Bildner für den neuen Aufbau des physischen Leibes bei einer neuen Geburt. So arbeitet das, was der Mensch im Innern hatte, weil es im Devachan in die Außenwelt versetzt ist, für die nächste Geburt vor. Es bereitet vor die Kräfte, die den Menschenleib neu aufbauen.

Doch glaube man nicht, daß der Mensch nichts zu tun hätte, als nur für sich selbst zu sorgen; er hat auch außerdem noch sehr wichtige Dinge im Devachan zu arbeiten. Wir können uns ein Verständnis dafür bilden, wenn wir die Entwickelung unserer Erde für kurze Zeit betrachten. Sehen wir zurück auf ein paar Jahrtausende! Wenn wir dieselben Gegenden betrachten, wie anders haben sie damals ausgesehen! Andere Pflanzen, andere Tierformen, selbst ein anderes Klima gab es. Die Erdoberfläche verändert sich fortwährend in ihren Naturprodukten. In Griechenland zum Beispiel könnte nicht wieder das entstehen, was damals auf dem Boden des alten Griechenlands hervorsproß. Dadurch eben geschieht die Entwickelung der Erde, daß sich das Antlitz der Erde fortwährend verändert.

Es dauert sehr lange, wenn der Mensch gestorben ist, bis er wieder geboren wird. Wenn der Mensch neu erscheint auf der Erde, findet er nicht dasselbe wieder vor. Er soll etwas Neues erleben, er wird nicht zweimal hineingeboren in dieselbe Gestalt der Erde. Es bleibt der Mensch so lange in den geistigen Gebieten, bis die Erde ihm ganz neue Gebiete darbietet. Das hat einen guten Sinn. Er lernt etwas ganz Neues, und dadurch entwickelt er sich ganz anders. Sehen wir zum Beispiel einen römischen Knaben an. Er lebte nicht wie bei uns ein Schulknabe. Und wenn wir wieder geboren werden, werden wir wieder ganz andere Verhältnisse vorfinden. So geht es von Inkarnation zu Inkarnation. Während der Mensch sich in den eben beschriebenen Gebieten aufhält, ändert sich das Antlitz der Erde fortwährend.

Wer ist da tätig, wer ändert die Physiognomie der Erde? — fragen wir uns. Da kommen wir zugleich auf die Antwort der Frage: Was tut der Mensch in der Zwischenzeit? — Von den geistigen Welten aus arbeitet der Mensch selbst, unter der Anleitung höherer Wesenheiten, an der Umgestaltung der Erde. Es sind die Menschen selbst zwischen Tod und neuer Geburt, die diese Arbeit verrichten. Wenn sie dann wieder geboren werden, treffen sie das Antlitz der Erde anders, und zwar in einer Gestaltung, an der sie selbst mitgearbeitet haben. Wir alle haben so gearbeitet.

Wenn wir fragen: Wo ist Devachan, wo ist die geistige Welt? — so antworte ich: Immerfort um uns herum. — Es ist wirklich so. Also sind auch all die Seelen der Menschen, die entkörpert sind, um uns herum. Sie arbeiten um uns herum. Während wir Städte bauen, Maschinen konstruieren, arbeiten aus dem geistigen Gebiet heraus, um uns herum, die Menschen, die zwischen Tod und neuer Geburt stehen.

Wenn wir als Seher sie aufsuchen, können wir finden, wenn wir das Licht nicht bloß sinnlich wahrnehmen, innerhalb des Lichtes die toten Menschen. Das Licht, das uns umgibt, bildet den Körper der Toten. Sie haben einen Körper aus Licht gewoben. Das Licht, das die Erde umspült, ist Stoff für die Wesen, die im Devachan leben. Sehen wir draußen eine Pflanze, die vom Sonnenlicht sich nährt: sie empfängt nicht nur das physische Licht, sondern in Wahrheit die Tätigkeit geistiger Wesen, und unter ihnen sind auch diese Menschenseelen. Sie selbst strahlen als Licht auf die Pflanzen nieder, sie umschweben die Pflanzen als geistige Wesenheiten. Wenn wir die Pflanzen mit geistigem Auge betrachten, so sagen wir: Es erfreut sich die Pflanze der Einwirkung der toten Menschen, die sie umschweben und die im Lichte um sie wirken und weben. — Und wenn wir jetzt verfolgen, wie die Pflanzendecke auf der Erde sich ändert, und fragen: Wer hat das gewirkt? — so sagen wir: In dem Lichte, das unsere Erde umspült, wirken die toten Menschen; da ist wirklich Devachan. — In dieses Lichtreich gehen wir ein nach der Kamaloka-Zeit. Das ist konkrete Wahrheit. Der erst weiß vom Devachan im Sinne der Rosenkreuzer-Theosophie, der darauf hindeuten kann, wo die toten Menschen wirklich zu finden sind.

Wenn das Auge des Sehers sich entwickelt, macht er oft eine eigentümliche Wahrnehmung. Wenn er sich in die Sonne stellt, hält sein Körper das Licht auf. Er wirft einen Schatten. Wenn er nun hineinschaut in diesen Schatten, ist das oftmals der erste Moment, wo er den Geist entdeckt. Der Körper hält auf das Licht, doch nicht den Geist, und im Schatten, den der Körper wirft, kann man den Geist entdecken. Deshalb nennen primitive Völker, die immer ein Hellsehen gehabt haben, den Schatten auch die Seele. Sie sagen: schattenlos — seelenlos. Bei einer Novelle von *Adalbert von Chamisso* liegt unbewußt diese Idee zugrunde: Der Mann, der seinen Schatten verloren hat, hat auch seine Seele verloren, darum ist er so traurig.

So also ist die Arbeit der Menschen zwischen Tod und neuer Geburt im Devachan. Es ist wahrhaftig kein untätiges Ruhen; Schaffende sind sie am Werdegang der Erde vom Devachan heraus, und so verstehen wir, wie das Weltenwerden geschieht. Es ist nicht, wie oftmals gesagt wird, als ob die Menschen in seliger Ruhe, im Traume dahinlebten; das Leben dort ist vielmehr ein ebenso tätiges wie hier auf der Erde.

Wenn der Mensch so weit ist, daß er diejenigen Tätigkeiten, die er im letzten Leben vollzogen hat, in geistige Kräfte umgesetzt hat, wenn er alle die Erlebnisse in der devachanischen Außenwelt erlebt hat, so daß sie auf ihn gewirkt haben, dann ist er reif, vom Devachan herunterzusteigen zu einer neuen physischen Geburt. Dann zieht der Erdkreis ihn wieder an.

Das erste, was der Mensch antrifft, wenn er aus dem Devachan herabkommt, ist das astralische Gebiet, in der Rosenkreuzer-Theosophie die elementare Welt genannt. Die gibt ihm einen neuen Astralleib. Wenn man auf ein Papier Eisenfeilspäne streut und unterhalb desselben einen Magneten bewegt, dann bilden sich Formen und Linien nach den Kräften des Magneten; und genau so wird die astrale Substanz, die unregelmäßig verteilt ist, herangezogen und geordnet nach den Kräften, die in der Seele sind und dem entsprechen, was diese Seele im früheren Leben erarbeitet hat. So gruppiert sich der Mensch selbst seinen Astralleib. Diese werdenden Menschen, die nur erst einen Astralleib haben, sieht der Seher als Wesen, die ausschauen wie eine nach unten sich öffnende Glockenform. Sie schießen mit riesiger Geschwindigkeit durch den Astralplan. Kaum vorstellen kann man sich die Geschwindigkeit, mit der sie den Raum durchschwirren.

Jetzt müssen diese werdenden Menschen einen Ätherleib und einen physischen Leib erhalten. Was bisher geschehen ist bis zum Aufbau des Astralleibes, hing von ihnen selbst ab, je nach den Kräften, die sie selbst entwickelt haben. Wie aber der Ätherleib sich bildet, das hängt nicht allein vom Menschen ab in dem gegenwärtigen Entwickelungslauf, sondern in bezug auf diese Bildung ist der Mensch von äußeren Wesen abhängig. Darum hat der Mensch zwar immer einen passenden Astralleib; es ist aber nicht immer der Fall, daß dieser Astralleib ganz in den Äther- und physischen Leib hineinpaßt. Daher oft die Disharmonie und Unzufriedenheit im Leben. Daß die werdenden Menschen so herumschwirren, geschieht namentlich deshalb, weil sie ein passendes Elternpaar suchen, das ihnen die beste Gelegenheit gibt, eine zur Astralwesenheit stimmende Äther- und physische Körperlichkeit zu bekommen. Es kann immer nur das relativ beste und passende Elternpaar sein, das ihnen diese gibt. Bei diesem Suchen wirken Wesenheiten, die den Ätherleib an den astralischen Leib angliedern und die ähnlich dem sind, was man oft Volksgeister nennt. Das ist nicht dieses unfaßbare Abstraktum, als was der Volksgeist gewöhnlich angesehen wird; es ist für den geistigen Beobachter der Welt etwas so Wirkliches wie unsere Seele, die in unserem Leibe verkörpert ist. So hat ein ganzes Volk gemeinschaftlich zwar nicht einen physischen Leib, wohl aber einen Astralleib und die Ansätze zu einem Ätherleibe. Es lebt wie in einer astralischen Wolke, und das ist der Leib für den Volksgeist. Das sind die Lenker der Ätherbildungen um den Menschen herum, und so hat der Mensch sich nicht mehr selbst in der Gewalt.

Nun kommt ein außerordentlich wichtiger Moment, ebenso wichtig wie der Moment nach dem Tode, wo man sein ganzes vergangenes Leben als Erinnerungsbild sieht. Wenn der Mensch in seinen Ätherleib hineinschlüpft und noch nicht den physischen Leib hat — es ist dies nur ein kurzer Moment, aber von höchster Wichtigkeit —, da hat er eine Vorschau auf das nächste Leben; nicht auf alle Einzelheiten, es ist nur ein Überblick über all das, was ihm bevorsteht im künftigen Leben. Da kann er sich sagen — er vergißt es wieder bei der Einkörperung —, er hat vor sich ein glückliches oder ein unglückliches Leben. Nun kommt es vor, wenn ein Mensch viele schlimme Erfahrungen im früheren Leben gemacht hat, daß er einen Schock bekommt und nicht hinein will in den physischen Leib. Das kann bewirken, daß er wirklich nicht ganz hineinrückt in denselben und so die Verbindung nicht ganz hergestellt ist zwischen den verschiedenen Leibern. Das ergibt dann Idioten in diesem Leben. Es ist das nicht immer der Grund zur Idiotie, doch häufig. Die Seele sträubt sich gleichsam, physisch verkörpert zu werden. Ein solcher Mensch kann sein Gehirn nicht richtig gebrauchen, weil er nicht richtig hineingeschaltet ist. Nur wenn der Mensch sich richtig hineingebären läßt in sein physisches Werkzeug, kann er es richtig gebrauchen. Während der Ätherleib sonst nur ganz schwach hinausragt, kann man bei den Idioten oft Teile des Ätherleibes wie einen weit über den Kopf hinausragenden ätherischen Lichtschein sehen. Wir haben da einen Fall, wo etwas, was das Leben seiner physischen Betrachtung nach unerklärlich läßt, erklärt wird durch die Geisteswissenschaft.

# FÜNFTER VORTRAG

München, 29. Mai 1907

Wir sind in unserer Betrachtung bis zu dem Punkte gekommen, wo der Mensch, indem er heruntersteigt aus den geistigen Regionen, sich umkleidet fühlt von einem Ätherleib und dadurch für einen Augenblick eine Art von Vorschau hat, einen Vorblick auf das Leben, das ihn hier erwartet. Wir haben gesehen, was das für Abnormitäten und Zustände für den Menschen hervorrufen kann. Bevor wir nun weiterschreiten, wollen wir eine Frage beantworten, die manchem wichtig erscheinen könnte, wenn er den geistigen Blick hinaufrichtet in das Devachan, die Frage: Wie ist es mit dem Zusammenleben der Menschen zwischen Tod und neuer Geburt? — Wir müssen uns klar sein, daß es nicht bloß hier auf der physischen Erde ein Zusammenleben, ein Miteinandersein der Menschen gibt, sondern auch dort in den höheren Welten. Ganz genau ebenso, wie die Arbeit der Menschen im Geistgebiet hinunterreicht in die physische Welt, so reichen alle die Verhältnisse zwischen Mensch und Mensch, alle ihre Zusammenhänge, alle ihre Beziehungen zueinander, die gesponnen sind hier unten, hinauf in das Gebiet des geistigen Landes.

Wir wollen uns das an einem konkreten Beispiel versinnlichen. Nehmen wir das Verhältnis zwischen Mutter und Kind. Es kann die Frage entstehen: Gibt es eine Beziehung zwischen ihnen, die fortdauert? — Ja, die gibt es. Viel inniger, viel fester als irgendein Verhältnis, das hier auf dieser Erde gesponnen werden kann! Die Mutterliebe hat zuerst einen animalischen Charakter, sie ist eine Art Naturinstinkt. Wenn das Kind heranwächst, dann gestaltet sich dieses Verhältnis zu einem moralischen, ethischen, geistigen. Wenn Mutter und Kind gemeinschaftlich denken lernen, gemeinsame Empfindungen haben, dann tritt der Naturinstinkt immer mehr zurück; er hat nur die Gelegenheit gegeben, daß sich das schöne Band schlingen konnte, das Mutterliebe und Kindesliebe im höchsten Sinne in sich begreift. Was da an gegenseitigem Verstehen, an inniger Liebe sich entwickelt, das setzt sich auch fort bis in die Regionen der geistigen Gebiete, wenn auch dadurch, daß der eine

Teil früher stirbt als der andere, der Zurückbleibende eine gewisse Zeit scheinbar abgetrennt ist von dem Gestorbenen. Nach diesem Zeitabschnitt ist das Band, das sich hier zusammengesponnen hat, ein ebenso lebhaftes und inniges; man ist beieinander, nur all die animalischen, rein natürlichen Instinkte müssen erst abgestreift werden. Was sich als Seelengefühl, als Seelengedanke von einem Wesen zum andern hier auf der Erde spinnt, das ist droben nicht gehemmt durch die Schranken, die hier vorhanden sind. Ja, das Devachan bekommt sogar ein gewisses Aussehen, eine gewisse Struktur durch die Verhältnisse, die hier angesponnen sind.

Nehmen wir ein anderes Beispiel. Es bilden sich Freundschaften, Zusammengehörigkeiten, die aus der Seelenverwandtschaft herausgeboren sind; sie setzen sich fort bis hinauf in das Devachan. Und daraus entwickeln sich für das nächste Leben die sozialen Zusammenhänge. So arbeiten wir, indem wir hier Seelenverbindungen schließen, an der Gestalt, die das Devachan erhält. Alle, alle haben wir so gearbeitet, indem wir Bande der Liebe von Mensch zu Mensch schlangen. Dadurch schaffen wir etwas, was nicht nur für die Erde Bedeutung hat, sondern was auch die Zusammenhänge im Devachan gestaltet. Man möchte sagen: Das, was hier geschieht, durch Liebe, durch Freundschaft, inniges Einander-Verstehen, das sind Bausteine, die da oben in der geistigen Region Tempel bauen, und es muß für die Menschen, die diese Gewißheit durchdringt, ein erhebendes Gefühl sein, zu wissen, daß, wenn sich hier schon von Seele zu Seele Bande schlingen, das die Grundlage ist eines ewigen Werdens.

Nehmen wir an, irgendein anderer physischer Planet hätte solche Wesen, welche sich gegenseitig nicht sympathisch wären, die wenig Bande der Liebe miteinander schließen könnten. Sie würden ein armseliges Devachan haben. Ein reichgegliedertes, inhaltvolles Devachan hat nur ein planetarisches Gebiet, wo solche Bande der Liebe von Mensch zu Mensch sich schlingen. Wer oben schon im Devachan ist und zunächst zwar nicht von dem gewöhnlichen Menschen wahrgenommen werden kann, hat, je nach seiner Entwickelung, ein mehr oder weniger deutliches Bewußtsein von seiner Zusammengehörigkeit mit den Wesen, die hier zurückgeblieben sind. Es gibt sogar Mittel, diese Zusammengehörigkeiten zu vergrößern. Senden wir unseren Abgeschiedenen Gedanken der Liebe, aber nicht einer egoistischen Liebe, so verstärken wir dadurch das Zusammengehörigkeitsgefühl mit ihnen.

Es ist ein Irrtum, wenn man annimmt, daß der Bewußtseinszustand des Menschen im Devachan dämmerhaft, schattenhaft sei. Das ist nicht der Fall. Wir müssen betonen, daß derjenige Grad eines Bewußtseins, den der Mensch erreicht hat, nicht wieder verlorengehen kann, wenn auch bei gewissen Übergängen Herabdämpfungen stattfinden, so daß der Mensch im Devachan tatsächlich ein deutliches Bewußtsein durch seine geistigen Organe hat für das, was vorgeht hier auf dem Erdenrund. Der Okkultismus zeigt, daß der im Geistigen lebende Mensch durchaus miterlebt das, was sich abspielt hier auf der Erde.

So sehen wir, daß das Leben im Devachan, wenn man es in seiner Wahrheit betrachtet, alles Unbefriedigende verliert, daß der Mensch, auch wenn er es nicht von seinem egoistischen Erdenstandpunkt aus betrachtet, es dennoch als ein unendlich Beseligendes empfinden kann, abgesehen davon, daß jene Freiheit vom physischen Leibe, von den niederen Gliedern, in die der Mensch hier eingeschlossen ist, ein ungeheuer beseligendes Gefühl gibt. Das allein schon, daß diese Schranken gefallen sind, daß der Mensch nicht mehr durch diese Fesseln gehemmt ist, trägt ein Gefühl der Beseligung in sich. So ist das Devachan eine Zeit des Frei-sich-Auslebens nach allen Seiten hin, in einer so reichen, so weiten, ungehemmten Weise, wie der Mensch es niemals hier kennengelernt hat.

Wir haben nun gesehen, daß der Mensch bei seinem Abstieg zur neuen Geburt von geistigen Wesenheiten, im Range ähnlich den Volksgeistern, mit einem neuen Ätherleib umkleidet worden ist. Dieser Ätherleib ist dem Menschen nicht vollständig angepaßt; noch weniger angepaßt ist ihm aber das, was er als eine physische Hülle erhält. Wir wollen jetzt in großen Zügen die Eingliederung des Menschen in die physische Welt erklären. Manches davon entzieht sich in einer gewissen Beziehung einer öffentlichen Besprechung.

Wir wissen, daß der Mensch durch die Eigenschaften, die er hat, sich mit einem astralen Leibe umkleidet. Er hat durch das, was in diesem astralen Leibe ist, eine Anziehungskraft zu bestimmten Wesen auf der

Erde. Durch den Ätherleib wird er hingezogen zu dem Volk und zu der Familie im weiteren Sinne, in welche er neu hineingeboren wird. Durch die Art und Weise, wie er ausgebildet hat seinen Astralleib, wird er hingezogen zum mütterlichen Teil seiner Eltern. Die Essenz, die Substanz, die Gliederung des Astralleibes zieht ihn zur Mutter. Das Ich zieht den neuen Menschen hin zum väterlichen Teil der Eltern. Das Ich war ja da in uralten Zeiten, als die Seele zum ersten Male herunterstieg aus dem Schoße der Gottheit in einen irdischen Leib. Dieses Ich hat sich durch viele Inkarnationen hindurch entwickelt. Das Ich des einen Menschen unterscheidet sich vom Ich des andern, und wie es jetzt ist, bildet es die besondere Anziehungskraft zum Vater. Der Ätherleib zieht hin zum Volke, zur Familie, der Astralleib zieht besonders hin zur Mutter, das Ich zum Vater. Darnach richtet sich das ganze Gebilde, das zur neuen Verkörperung hinunter will.

Es kann vorkommen, daß der Astralleib zu einem mütterlichen Teil hingezogen wird, das Ich aber nicht zu dem entsprechenden Vater will. In diesem Falle setzt es seine Wanderung fort, bis es ein passendes Elternpaar findet.

Im gegenwärtigen Entwickelungszyklus stellt das Ich das Element des Wollens, der Empfindungsimpulse dar; im astralen Leibe sind die Eigenschaften der Phantasie, die Eigenschaften des Denkens. Letztere wird daher die Mutter, wie man sagt, vererben und erstere der Vater. Und wir sehen so, daß die Individualität, die sich verkörpern will, durch ihre unbewußten Kräfte das Elternpaar aussucht, das ihr den physischen Leib geben soll.

Das hier Beschriebene spielt sich so ab, daß es im wesentlichen etwa bis zur dritten Woche nach der Empfängnis fertig ist. Zwar ist dieser Mensch, der aus Ich, Astralleib und Ätherleib besteht, durchaus vom Moment der Empfängnis an in der Nähe der Mutter, die den befruchteten Menschenkeim in sich hat, aber er wirkt von außen ein. In dieser Zeit, etwa in der dritten Woche, fängt dieser Astral- und Ätherleib gleichsam den Menschenkeim ab und beginnt nun mitzuarbeiten an dem Menschen. Bis dahin geht die Entwickelung des physischen Menschenleibes vor sich ohne den Einfluß von Astral- und Ätherleib; von da ab wirken sie an der Entwickelung des Kindes mit und gliedern selbst die weitere Ausgestaltung des Menschenkeimes. Wir sehen also, daß in bezug auf den physischen Leib in noch höherem Maße das gilt, was vom Ätherleibe gesagt wurde, daß hier noch weniger leicht ein Zusammenstimmen stattfinden kann. Diese wichtige Tatsache verbreitet Licht über vieles, was in der Welt vorgeht.

Wir haben bis jetzt den gewöhnlichen Menschen der Gegenwart in seiner normalen Entwickelung geschildert. Nicht ganz gilt das für einen Menschen, der in einer vorigen Inkarnation eine okkulte Entwickelung angefangen hat. Je höher er gekommen ist, desto früher liegt der Zeitpunkt, wo er selbst beginnt, seinen physischen Leib zu bearbeiten, um ihn dadurch geeigneter zu machen für die Mission, die er hier auf der Erde zu erfüllen hat. Je später er dazu kommt, den physischen Keim abzufangen, desto weniger wird er Herr werden über den physischen Leib. Bei höchstentwickelten menschlichen Individualitäten, die die Leiter und Führer des geistigen Teiles unserer Welt sind, findet solches Abfangen bereits bei der Empfängnis statt. Für sie geht nichts vor ohne ihr Zutun. Sie leiten ihren physischen Leib bis zum Tode und beginnen den neuen zu bearbeiten, sobald der erste Anstoß dazu gegeben ist.

Die Stoffe, die den physischen Leib zusammensetzen, ändern sich immerfort. Nach ungefähr sieben Jahren hat sich jedes Teilchen erneuert. Der Stoff wird ausgetauscht, die Form bleibt. Zwischen Geburt und Tod müssen wir den Stoff immer neu gebären, er ist das Wechselnde. Dasjenige, was man zwischen Geburt und Tod höherentwickelt über den Tod hinaus, das bleibt erhalten und bildet einen neuen Organismus.

Was der Mensch zwischen Geburt und Tod unbewußt macht, tut der Eingeweihte bewußt vom Tode bis zur neuen Geburt: er bildet bewußt seinen neuen physischen Körper aus. Die Geburt ist daher für ihn nur ein radikales Ereignis. Er tauscht nur einmal, aber gründlich die Stoffe aus. Daher die große Ähnlichkeit der Gestalt solcher Individualitäten von einer Inkarnation zur andern, während bei wenig Entwickelten durchaus keine Ähnlichkeit zwischen den Gestalten ihrer verschiedenen Inkarnationen besteht. Je höher der Mensch sich entwickelt, desto ähnlicher sind die zwei aufeinanderfolgenden Inkarnationen. Das kann man durchaus beobachten mit hellseherischem Blick. Es gibt einen ganz bestimmten Ausdruck für dieses Verhältnis, in das der Mensch auf höherer Stufe der Entwickelung kommt. Man sagt, er wird überhaupt nicht in einen anderen Körper geboren, so wenig wie man vom gewöhnlichen Menschen sagt, daß er alle sieben Jahre einen neuen Körper erhält. Man sagt vom Meister: er ist geboren in denselben Körper. — Er braucht ihn Jahrhunderte, ja selbst Jahrtausende. Das ist bei weitaus den meisten führenden Individualitäten der Fall. Eine Ausnahme machen gewisse Meister, die ihre ganz besondere Mission haben. Bei denen bleibt der physische Leib erhalten, so daß der Tod für sie überhaupt nicht eintritt. Das sind die Meister, die für den Übergang von einer Rasse zu einer andern zu sorgen haben.

Zwei andere Fragen treten jetzt an uns heran, die Frage: Wie lange dauert der Aufenthalt in den anderen Welten, und die Frage nach dem Geschlecht in aufeinanderfolgenden Verkörperungen.

Die okkulte Forschung ergibt, daß der Mensch durchschnittlich in einem Zeitraum von 1000 bis 1300 Jahren wiederkommt. Das hat seinen Sinn darin, daß der Mensch, wenn er wiederkommt, das Antlitz der Erde verändert findet und dadurch neue Dinge erleben kann. Das, was sich ändert auf unserer Erde, steht mit gewissen Sternkonstellationen im innigen Zusammenhang; das ist eine sehr wichtige Tatsache. Im Frühlingsanfang geht die Sonne in einem gewissen Zeichen des Tierkreises auf. 800 Jahre vor Christo ging die Sonne zuerst im Sternbild des Widders, des Lammes auf, noch früher in dem danebengelegenen Sternbild des Stieres. Etwa 2160 Jahre braucht sie, um ein Sternbild zu durchlaufen. Das Durchlaufen sämtlicher zwölf Tierkreiszeichen nennt man im Okkultismus ein Weltenjahr.

Tief haben die alten Völker immer empfunden, was in Zusammenhang stand mit diesem Durchlaufen des Tierkreises. Es durchzog ihre Seelen, andachtsvoll empfanden sie: Die Sonne kommt im Frühling herauf, es erneut sich die Natur, die im Winter geruht hat. Des Frühlings göttlicher Sonnenstrahl erweckt sie aus tiefem Schlaf. — Diese junge Frühlingskraft vereinigte sich mit dem Sternbilde, aus dem heraus die Sonne schien. Sie sagten: Es ist der Herabsender der neu zu ihren Kräften gekommenen Sonne, der neu schöpferischen Gotteskraft. —

Und so erschien den Menschen einer Zeit, die nun zwei Jahrtausende zurückliegt, das Lamm als Wohltäter der Menschheit. Alle Lamm-Sagen entstehen um diese Zeit. Göttliche Begriffe verbinden sich mit diesem Symbolum. Der Erlöser selbst, der Christus Jesus, ist dargestellt in den ersten Jahrhunderten im Symbolum des Kreuzes und unter diesem das Lamm. Erst im sechsten Jahrhundert wird der Erlöser am Kreuz hängend dargestellt. Die bekannte Jason-Sage, das Holen des goldenen Widderfelles, des Goldenen Vließes, hat auch ihren Ursprung darin.

Vor 800 vor Christo ging die Sonne durch das Sternbild des Stieres, und da haben wir in Ägypten die Verehrung des Apis-Stieres und in Persien des Mithras-Stieres. Noch früher ist der Durchgang der Sonne durch das Sternbild der Zwillinge. In indischen und germanischen Mythen finden wir wirklich den Hinweis auf das Zwillingspaar. Die Zwillingsböcke, mit denen Donar, der Gott, fährt, sind ein letzter Rest davon. Dann endlich kommen wir zurück zur Zeit des Krebses, die uns nahebringt der alten Atlantischen Flut. Eine alte Kultur ging unter, eine neue ging auf. Das bezeichnet man mit einem bestimmten okkulten Zeichen, dem Wirbel, der zugleich das Krebs-Symbol darstellt und in jedem Kalender zu finden ist.

So haben die Völker stets ein deutliches Bewußtsein gehabt von dem, was am Himmel vorgeht, parallel den Veränderungen auf der Erde unten. Wenn die Sonne ein Sternbild durchlaufen hat, hat auch die Erde ihr Antlitz so verändert, daß es wertvoll ist für den Menschen, von neuem zu leben. Daher hängt die Zeit der Wiederverkörperung ab von dem Vorrücken des Frühlingspunktes. Ungefähr die Zeit, die die Sonne braucht, um durch ein solches Tierkreiszeichen durchzugehen, ist die Zeit, in der der Mensch zweimal inkarniert ist, einmal männlich und einmal weiblich. Denn die Erfahrungen und Erlebnisse, die der Mensch durchmachen kann in einem männlichen oder weiblichen Organismus, sind für das geistige Leben so grundverschieden, daß er in demselben Antlitz der Erde sich einmal weiblich und einmal männlich inkarniert. Und das gibt ungefähr die Zeit zwischen zwei Inkarnationen von etwa 1000 bis 1300 Jahren durchschnittlich.

Damit ist zugleich die Frage nach dem Geschlecht beantwortet: es ist in der Regel abwechselnd. Diese Regel wird oft durchbrochen, so daß manchmal drei bis fünf, aber nie mehr als sieben gleichgeschlechtliche Inkarnationen aufeinanderfolgen. Es widerspricht allen okkulten Erfahrungen, wenn gesagt wird, daß sieben aufeinanderfolgende gleichgeschlechtliche Inkarnationen die Regel sei.

Bevor wir nun das Karma des einzelnen Menschen studieren, müssen wir eine Grundtatsache berücksichtigen. Es gibt ein gemeinschaftliches Karma, ein solches, das nicht durch den einzelnen Menschen bestimmt wird, obgleich es sich ausgleicht im Laufe seiner Inkarnationen. Ein konkretes Beispiel soll hier folgen.

Als im Mittelalter die Hunnen von Asien her sich in die europäischen Länder ergossen und beunruhigende Kriege verursachten, hatte das auch eine geistige Bedeutung. Die Hunnen sind die letzten Überbleibsel alter atlantischer Völker. Sie stehen in tiefer Dekadenz, die sich in einem gewissen Verwesungsprozeß ihres Astral- und Ätherleibes äußert. Diese Verwesungsstoffe fanden einen guten Mutterboden in der Furcht und dem Schrecken, den sie bei allen Völkern verursachten. Dadurch impften diese ihren Astralleibern solche verwesenden Stoffe ein, und das übertrug sich nun bei einer späteren Generation auf den physischen Leib. Die Haut saugte das aufgenommene Astralische ein, und die Folge davon war eine Krankheit des Mittelalters: der Aussatz. Der physische Arzt würde selbstverständlich physische Ursachen für diesen Aussatz ins Feld führen. Ich will nicht bekämpfen, was der Arzt sagt, aber es liegt bei ihm folgende logische Schlußfolgerung vor: Es verletzt jemand bei einer Rauferei einen anderen mit einem Messer, er hatte ein altes Rachegefühl gegen ihn. Nun sagt der eine, die Verletzung entstand aus dem Rachegefühl, der andere sagt, das Messer war die Ursache. — Beide haben recht. Das Messer war die letzte physische Ursache, aber dahinter liegt die geistige. Wer nach geistigen Ursachen sucht, wird immer die physischen gelten lassen. Wir sehen hier, wie geschichtliche Ereignisse bedeutsam wirken auf ganze Generationen hin, und wir lernen, wie wir verbessernd eingreifen können auf lange Zeiten bis tief in die Gesundheitsverhältnisse hinein.

In den letzten Jahrhunderten entwickelte sich bei unserer europäischen Bevölkerung durch die technischen Fortschritte ein Industrieproletariat, und mit demselben hat sich eine Unsumme von Klassen- und Standeshaß gebildet. Die sitzen im Astralleib des Menschen und wirken sich physisch aus als Lungentuberkulose. Diese Erkenntnis ist ein Ergebnis okkulter Forschung. Den einzelnen unter solchem Gesamt- karma Stehenden können wir oftmals nicht helfen. Wir müssen oft mit schwerer Seele sehen, wie der einzelne leidet, wir können ihn nicht ge- sund oder froh machen, weil er im Zusammenhang mit dem gemein- schaftlichen Karma steht. Nur indem wir das Gesamtkarma verbessern, kann auch dem einzelnen geholfen werden. Nicht das einzelne egoisti- sche Selbst sollen wir hochbringen wollen, sondern so wirken, daß wir der gesamten Menschheit zum Heile dienen.

Ein anderes Beispiel, das unmittelbar in die Zeitverhältnisse ein- greift, ist folgendes: Okkulte Beobachtungen haben ergeben, daß unter den astralen Wesen, die in dem Japanisch-Russischen Kriege an den einzelnen Schlachten teilnahmen, verstorbene Russen sich befanden, die gegen ihr eigenes Volk wirkten. Das kommt daher, daß in den letz- ten Zeiten der russischen Volksentwickelung viele edle Idealisten durch Kerker und Schafott zugrunde gingen. Es waren Menschen von hohen Idealen, doch nicht so weit entwickelt, daß sie verzeihen konnten. Sie gingen in den Tod mit einem starken Rachegefühl gegen diejenigen, die ihren Tod verursacht hatten. Das mußte sich ausleben in ihrer Kama- loka-Zeit, denn dort allein leben sich solche Rachegefühle aus. Nach ihrem Tode erfüllten sie vom Astralplan aus die Seelen der kämpfenden Japaner mit Haß und Rachegefühlen gegen das Volk, dem sie selbst angehört hatten. Wären sie schon im Devachan gewesen, dann würden sie gesagt haben: Ich verzeihe meinen Feinden! — Denn im Devachan würden sie in den ihnen von außen entgegentretenden Haß- und Rache- wolken erkannt haben, wie furchtbar und wie ihrer unwürdig solche Gefühle sind. So zeigt uns die okkulte Forschung, wie ganze Völker unter dem Einflusse ihrer Vorfahren stehen.

Die idealen Bestrebungen der Neuzeit können nicht ihre Ideale errei- chen, weil sie nur mit physischen Mitteln auf dem physischen Plane wirken wollen. So zum Beispiel die Friedensgesellschaft, die den Frie- den nur mit physischen Mitteln herbeiführen will. Erst wenn wir lernen, auch auf den astralischen Plan hineinzuwirken, erst dann können wir erkennen, welche Mittel die richtigen sind. Erst dann können wir so wirken, daß der Mensch, wenn er von neuem hineingeboren wird in die Welt, er sie so vorfindet, daß er gedeihlich in ihr arbeiten kann.

## SECHSTER VORTRAG

München, 30. Mai 1907

Heute kommen wir zu den Erlebnissen der Menschen innerhalb unserer physischen Welt, insofern sie durch das frühere Leben des Menschen bestimmt sind. Zunächst muß betont werden, daß das Leben nicht allein durch die früheren Verkörperungen, sondern, wenn auch nur zum kleinen Teil, auch durch das gegenwärtige Leben bestimmt wird. Dieses Gesetz, dem wir da begegnen, wie Vergangenheit, Gegenwart und Zukunft des Menschen zusammenhängen, wird in der geisteswissenschaftlichen Literatur das Karmagesetz genannt. Es ist das wahre Schicksalsgesetz des Menschen. In der Wirkung des Karmagesetzes in jedem einzelnen Leben haben wir nur einen Spezialfall des großen Gesetzes des Kosmos, denn was wir das Karmagesetz nennen, ist ein ganz allgemein kosmisches Gesetz, und seine Geltung im menschlichen Leben ist nur ein Spezialfall. Wenn wir uns überhaupt einen Zusammenhang irgendwelcher vorhergehender Verhältnisse und nachfolgender Wirkungen klarmachen, denken wir schon im Sinne dieses Gesetzes. Deshalb möchte ich die Geltung dieses Gesetzes im Kosmos im einzelnen, und zwar für das Menschenleben, in gehöriger Form klarlegen.

Wenn wir zwei Gefäße mit Wasser vor uns stehen haben und eine bis zum Glühen erhitzte Eisenkugel in das eine Gefäß werfen, dann zischt das Wasser auf und wird warm. Nehmen wir nun die Kugel heraus und werfen sie in das andere Gefäß, da zischt das Wasser nicht mehr auf und erwärmt sich nicht mehr. Hätten wir nun gleich die Kugel in das zweite Gefäß hineingeworfen, so wäre es auch da geschehen, daß das Wasser gezischt und die Kugel sich abgekühlt hätte; so kann es aber nicht mehr zum Zischen gebracht werden, denn die Kugel ist nicht mehr glühend, weil sie sich bereits im ersten Gefäß abgekühlt hatte. Die Wirkung des Verhaltens der Kugel im ersten Gefäß bedingt ihr Verhalten im zweiten Gefäß. So hängen im physischen Leben Ursache und Wirkung stets zusammen. Von dem, was mit einem Ding vorher geschieht, hängt es ab, wie sich das Ding nachher beträgt.

Ein anderes Beispiel geben uns gewisse Tiere, bei denen durch ihre

62

Einwanderung in dunkle Höhlen das Sehorgan verkümmert ist. Bei ihnen werden die Stoffe, die vorher die Augen mit Nahrung versorgt haben, in andere Teile des Körpers geleitet, da das Auge dieselben nicht mehr braucht, denn es braucht nicht mehr zu sehen. Ihre Augen wurden dadurch zurückgebildet, und nun werden in allen folgenden Generationen Tiere mit verkümmerten Augen erzeugt werden. Durch ihre frühere Einwanderung bestimmten sie dieses Verhalten der Organe selbst, und ihr Schicksal für ihre folgenden Generationen war bestimmt durch das, was die Wesen in der Vergangenheit taten. Sie bereiteten dadurch ihr Schicksal für die Zukunft vor.

Ebenso ist es auch fortwährend im Menschenleben. Der Mensch bestimmt sich seine Zukunft durch seine Vergangenheit, und da er als innerste Wesenheit nicht eingeschlossen ist in eine einzelne Verkörperung, sondern durch viele hindurchgeht, so sind für die Dinge, die ihn in einem bestimmten Leben treffen, die Ursachen in einem früheren Leben zu suchen.

Wir wollen jetzt auf die Verkettung eingehen, die man verstehen kann, wenn man ein wenig die Folge der menschlichen Taten, Gedanken und Gefühle überhaupt in Rechnung zieht. Man sagt im gewöhnlichen Leben so häufig: Gedanken sind zollfrei! — das heißt, man könne denken, was man will, das geniere niemand in der Außenwelt. Hier haben Sie einen wichtigen Punkt, wo der, welcher wirklich von den geistigen Impulsen erfaßt ist, sich von dem materialistisch denkenden Menschen unterscheidet.

Der Materialist glaubt, daß er einem Menschen, den er mit einem Stein bewirft, wohl weh tut; dagegen glaubt er, daß ein haßerfüllter Gedanke, den er gegen seinen Mitmenschen hegt, demselben nicht weh tue. Wer aber die Welt wirklich kennt, der weiß, daß viel, viel stärkere Wirkungen ausgehen von einem haßerfüllten Gedanken, als je durch einen Steinwurf erregt werden können. Alles, was der Mensch denkt, fühlt und empfindet, hat seine Wirkungen in der Astralwelt, und man kann im einzelnen als Seher sehr genau verfolgen, wie zum Beispiel ein liebevoller Gedanke wirkt, der zu einem andern Menschen hingeht, und wie ganz anders ein haßerfüllter Gedanke. Wenn Sie einen liebevollen Gedanken aussenden, sieht der Seher, wie sich wie eine Art Blumenkelch eine Lichtform bildet, die den Menschen in bezug auf seinen Äther- und Astralleib liebevoll umspielt und dadurch zu seiner Belebung, seiner Seligkeit etwas beiträgt. Der haßerfüllte Gedanke dagegen bohrt sich wie ein verwundender Pfeil in den Äther- und Astralleib.

Man kann sehr verschiedene Beobachtungen auf diesem Gebiete machen. Es ist ein gewaltiger Unterschied in der Astralwelt, ob man einen Gedanken ausspricht, der wahr ist, oder einen erlogenen. Ein Gedanke bezieht sich auf irgendeine Sache und ist dadurch wahr, daß er mit der Sache übereinstimmt. Es trägt sich zum Beispiel irgendwo eine Tatsache zu, und von dieser geschieht eine Wirkung in die höheren Welten hinauf. Jemand erzählt diese Tatsache wahr: dann strahlt vom Erzähler ein Astralgebilde auf, das sich mit dem von der Tatsache selbst herrührenden Gebilde vereinigt, und beide verstärken sich. Diese verstärkten Formen dienen dazu, unsere geistige Welt immer gegliederter und inhaltsvoller zu machen, wie wir sie brauchen, wenn die Menschheit vorwärtskommen will. Erzählt man die Tatsache nun aber so, daß sie nicht mit dem Geschehnis übereinstimmt, daß sie erlogen ist, dann trifft die Gedankenform des Erzählenden zusammen mit der, welche von der Tatsache ausgeht, beide prallen aufeinander und eine gegenseitige Zerstörung geschieht. Solche explosionsartigen Zerstörungen durch Lügen wirken, wie ein Geschwür am Leibe wirkt, das den Organismus zerstört. So töten Lügen die astralen Gebilde, die entstanden sind und entstehen müssen, und hemmen oder töten so einen Teil der Entwickelung. Tatsächlich bringt ein jeder, der die Wahrheit sagt, die Entwickelung der Menschheit vorwärts, und der, welcher lügt, hemmt dieselbe. Daher gibt es ein okkultes Gesetz: Die Lüge ist, geistig angesehen, ein Mord. Sie tötet nicht nur ein Astralgebilde, sondern sie ist auch ein Selbstmord. Ein jeder, welcher lügt, legt sich selbst Hindernisse in den Weg. Überall sind solche Wirkungen in der geistigen Welt zu beobachten. So sieht auch der Hellseher, daß alles, was man denkt, fühlt und empfindet, seine Wirkungen auf dem Astralplan hat.

Alles, was der Mensch an Neigungen, Temperament, bleibenden Charaktereigenschaften hat, was man nicht nur vorübergehend denkt, strahlt fortwährend nicht nur bis in die astrale Welt, sondern bis in die devachanische Welt hinein. Ein Mensch mit einem heiteren Temperament ist ein Quell, ein Zentrum für gewisse Vorgänge im Devachan. Ein Mensch mit kopfhängerischem Wesen wirkt so, daß er die Essenzen und Stoffe vermehrt, die mit dem kopfhängerischen Wesen der Menschen zusammenhängen. So zeigt uns die Geisteswissenschaft, daß wir nicht nur isoliert stehen, sondern daß unsere Gedanken fortwährend Formen hervorrufen, welche die devachanische Welt schattieren und sie durchdringen mit allerlei Substanzen und Essenzen. Alle vier Gebiete der devachanischen Welt, das kontinentale, das ozeanische, das atmosphärische und das Gebiet der originellen Einfälle, werden fortwährend von den Gedanken, Gefühlen und Empfindungen der Menschen beeinflußt. — Die höheren Gebiete, wo schon die Akasha-Chronik hineinspielt, werden durch das, was ihre Taten sind, beeinflußt. Was äußerlich geschieht, das spielt hinein bis in die höchsten Gebiete des Devachan, die wir die Vernunftwelt genannt haben.

Wir werden so begreifen, wie der Mensch bei seinem Herunterstieg zur neuen Verkörperung wieder seinen Astralleib zusammensetzt und sich angliedert. Alles, was er gedacht, gefühlt und empfunden hatte, hatte sich als bleibend eingegliedert in die astrale Welt. Viele Spuren hat es da hinterlassen. War es viel Wahres, was er gedacht hatte, so setzen diese Spuren ihm einen guten Astralleib zusammen. Was er eingegliedert hat in die untere Devachanwelt als sein Temperament und so weiter, das setzt den neuen Ätherleib zusammen, und was er vollbracht hat an Taten, wirkt mit von den höchsten Partien des Devachan aus, wo schon die Akasha-Chronik zu finden ist, auf die Stationierung und Lokalisierung des physischen Leibes. Hier liegen die Kräfte, die einen Menschen an einen bestimmten Ort hinbringen. Hat man jemandem Böses angetan, so ist das eine äußere Tatsache, die hinaufgeht in die höchsten Devachan-Partien. Sie wirkt bei der neuen Eingliederung in einen physischen Leib als Kräfte, welche der Mensch zurückgelassen hat, und drängt ihn, allerdings unter Leitung höherer Wesenheiten, zu dem Orte hin, wo er die Wirkung seiner Taten nunmehr in der physischen Welt erfahren kann.

Alles, was wir äußerlich erfahren, ohne daß es uns innerlich besonders berührt, wirkt bei der nächsten Verkörperung auf unseren Astralleib und zieht entsprechende Gefühle, Empfindungen und Gedanken-

Eigentümlichkeiten heran. Hat man sein Leben gut angewendet, sich viel angeschaut, reichliche Kenntnisse erworben, so ist die Folge davon, daß der Astralleib im nächsten Leben mit besonderen Begabungen nach diesen Richtungen hin wiedergeboren wird. Erlebnisse und Erfahrungen also prägen sich in der nächsten Verkörperung im Astralleib aus. Was man aber empfindet, fühlt, Lust und Leid, was inneres Erleben der Seele ist, das wirkt in der nächsten Verkörperung bis auf den Ätherleib und bewirkt eine bleibende Neigung in ihm. Wer viel Freude erlebt, dessen Ätherleib wird ein zur Freude neigendes Temperament haben. Wer sich bemüht, viele gute Taten zu vollbringen, der wird durch die Gefühle, die dabei entwickelt werden, im nächsten Leben geradezu ein Talent an guten Taten ausgeprägt haben. Er wird auch ein sorgfältig entwickeltes Gewissen haben und wird ein moralisch angelegter Mensch sein.

Das, wovon der Ätherleib der Träger ist in diesem Leben, der bleibende Charakter, die Anlagen und so weiter, das tritt im nächsten Leben im physischen Leibe auf, und zwar so, daß zum Beispiel ein Mensch, der in seinem Leben schlechte Neigungen und Leidenschaften entwickelt hat, im nächsten Leben mit einem ungesunden physischen Körper geboren wird. Ein Mensch dagegen, der eine gute Gesundheit hat, der viel auszuhalten vermag, der hat im vorigen Leben gute Eigenschaften entwickelt. Einer, der fortwährend zu Krankheiten neigt, hat schlechte Triebe in sich hineingearbeitet. So haben wir es in der Hand, uns Gesundheit oder Krankheit, insofern sie in der Veranlagung des physischen Leibes liegen, selbst zu schaffen. Man braucht nur alle schlechten Neigungen auszumerzen und bereitet sich dann einen guten, kräftigen Körper für das nächste Leben vor.

Mit allen Einzelheiten kann man beobachten, wie das, was in einem Leben an Neigungen vorhanden war, im nächsten Leben am physischen Leibe wirkt. Ein Leben, das die Neigung hat, alles um sich herum zu lieben, das liebevoll auf jedes Wesen eingeht, ein Leben, das Liebe ausgießt, wird in der nächsten Verkörperung einen physischen Leib haben, der lange jung und blühend aussehen wird. Liebe zu allen Wesen, Sympathie-Entwickelung bewirkt einen sich jugendlich erhaltenden physischen Leib. Ein haßerfülltes Leben, das voll Antipathie gegen andere

Wesen ist, das an allem herumkritisiert und nörgelt und sich von allem zurückziehen möchte, das bewirkt aus diesen Neigungen heraus einen physischen Leib, der früh altert und Runzeln bekommt. So übertragen sich die Neigungen und Leidenschaften eines Lebens auf das physische Körperleben der nächsten Verkörperung.

Man kann bis in Einzelheiten hineinschauen, und da könnte man finden, wie ein ausgebildeter Erwerbssinn, der triebhaft ist, der immer darauf ausgeht, zusammenzuscharren, dadurch, daß das eine Neigung geworden ist, im nächsten Leben eine Disposition zu Infektionskrankheiten im physischen Leibe erzeugt. Man kann solche Fälle durchaus konstatieren, wo eine ausgesprochene Neigung zu Infektionskrankheiten zurückführt auf einen früher stark vorhandenen Erwerbssinn, der ja zu seinem Träger den Ätherleib hat. Ein objektives Streben dagegen innerhalb der Menschheit, das nichts für sich einheimsen will, das für die Menschheit wirkt mit dem ausgesprochenen Sinn, für die Gesamtheit zu arbeiten, solche Neigung im Ätherleib bewirkt im nächsten Leben eine ausgesprochene Stärke gegen Infektionskrankheiten.

So kann man die Welt bis zu einem hohen Grade in ihrem Werdegange bis ins Innere durchschauen, wenn man den Zusammenhang zwischen der physischen und der astralen Welt kennt, und die Dinge hängen manchmal ganz anders zusammen, als die Menschen es sich vorstellen möchten. Viele Menschen jammern zum Beispiel über Schmerz und Leid. Aber von einem höheren Gesichtspunkte aus ist es gar nicht berechtigt, darüber zu jammern, denn sind sie überwunden und ist man bereit zu einer nächsten Verkörperung, dann sind Leid und Schmerzen die Quellen von Weisheit und Besonnenheit und einem Überschauen der Dinge. Sogar in einer neueren Schrift, die aus der materialistischen Anschauungsart der Gegenwart entstanden ist, finden wir den Ausspruch, daß in der Physiognomie eines jeden Denkers etwas zu finden ist wie kristallisierter Schmerz. Das, was da der materialistisch denkende Schriftsteller sagt, ist dem Okkultisten längst bekannt, denn die größte Weisheit der Welt wird erworben durch das ruhige Ertragen von Schmerz und Leid. Das schafft in der nächsten Inkarnation Weisheit.

Keiner, der lebensleidig den Schmerz flieht, der ihn nicht ertragen will, kann sich die Grundlage für die Weisheit schaffen. Ja, wenn wir weiter hineinschauen, können wir nicht einmal über die Krankheiten jammern. Wenn man sie von höherer Warte aus, vom Standpunkte der Ewigkeit betrachtet, dann nehmen sie sich ganz anders aus. Krankheiten, die man erträgt, kommen im nächsten Leben oftmals als besondere Schönheit in der Körperlichkeit zum Vorschein, so daß viel körperliche Schönheit, die man beim Menschen findet, durch Krankheit im vorhergehenden Leben errungen ist. Das ist der Zusammenhang zwischen der Verletzung des Körpers durch Krankheit, namentlich auch durch äußere Verhältnisse, und der Schönheit. Man kann auf diesen ganz merkwürdigen Zusammenhang das Wort des französischen Schriftstellers *Fabre d'Olivet* anwenden: Wenn man das Menschenleben betrachtet, erscheint es oft so wie das Entstehen der Perle in der Perlenmuschel. Erst durch eine Krankheit der Muschel entsteht die Perle. — So ist es tatsächlich auch im Menschenleben: Schönheit steht karmisch im Zusammenhang mit Krankheiten und ist deren Ergebnis. Wenn ich nun aber sagte: Wer schlechte Leidenschaften entwickelt, der schafft sich die Disposition zu Krankheiten —, so muß man streng festhalten, daß es sich hier um die innere Disposition zu Erkrankungen handelt. Wenn man dadurch erkrankt, daß man zum Beispiel in einer verpesteten Luft arbeitet, so ist das etwas anderes; dadurch kann man auch krank werden, aber das hängt nicht zusammen mit der Disposition des physischen Leibes.

Alles nun, was Tatsachen sind auf dem physischen Plan, alles was etwas Getanes ist, was sich auslebt, daß es eine Wirkung in der physischen Welt hat, vom Schritt und von der Handbewegung an bis zu den kompliziertesten Vorgängen, zum Beispiel dem Bau eines Hauses, kommt als eine wirkliche physische Wirkung von außen in einer späteren Verkörperung an den Menschen heran. Sie sehen, wir leben von innen nach außen: Was im Astralleibe lebt als Freude, Schmerz, Lust und Leid, erscheint wieder im Ätherleibe, was im Ätherleibe wurzelt an bleibenden Trieben und Leidenschaften, erscheint im physischen Leibe als Disposition, was man aber hier tut, so daß man den physischen Leib dazu gebraucht, das erscheint als äußeres Schicksal in der nächsten Verkörperung. So wird das, was der Astralleib tut, zum Schicksal des

Ätherleibes, der Ätherleib wird zum Schicksal des physischen Leibes, und was der physische Leib tut, das kommt als Wirkung von außen in der nächsten Verkörperung als eine physische Wirklichkeit zurück.

Da haben Sie genau den Punkt festgestellt, wo das äußere Schicksal in das Menschenleben eingreift. Diese Schicksalswirkung ist etwas, was zuweilen lange ausbleiben mag, was aber sicher an den Menschen herankommen muß. Man kann immer sehen, wenn man das Leben eines Menschen durch die verschiedenen Verkörperungen hindurch verfolgt, daß sein Leben in einer folgenden Verkörperung so zubereitet wird von Wesen, die wirksam sind bei der Eingliederung in seinen physischen Leib, daß er hingeführt wird an einen bestimmten Ort, damit ihn sein Schicksal ereilt.

Dafür wieder ein Beispiel aus dem Leben: Bei einer mittelalterlichen Femgerichtsversammlung waren eine Anzahl Femrichter, die das Urteil sprachen und es selbst vollzogen. Sie töteten eine Person. Man ging zurück in frühere Verkörperungen der Richter und des Getöteten, und da stellte es sich heraus, daß alle zu gleicher Zeit gelebt hatten, und zwar der Hingerichtete als Häuptling eines Stammes, und dieser hatte diejenigen, die jetzt Femrichter waren, hinrichten lassen. Diese Tat des vorherigen physischen Lebens hat den Zusammenhang geschaffen zwischen den Personen; sie hat Kräfte geschaffen, die bis in die Akasha-Chronik hineinwirken. Wenn nun ein Mensch wiederum zur Verkörperung kommt, lassen diese Kräfte ihn wiederum geboren werden gleichzeitig und am selben Ort mit dem Menschen, mit dem er so verkettet ist, und wirken sein Schicksal aus. Die Akasha-Chronik ist tatsächlich eine Kraftquelle, in der alles eingeschrieben ist, was ein Mensch an den andern abzutragen hat. Diese Vorgänge kann mancher spüren; die wenigsten sind sich aber dessen bewußt.

Ein Mensch ist zum Beispiel in einem Beruf, der ihn scheinbar glücklich und zufrieden macht. Er wird durch irgend etwas herausgetrieben, findet keinen anderen Beruf an demselben Ort, es wirft ihn meilenweit hinaus, in ein anderes Land, wo er einen neuen Berufsweg einschlagen muß. Dort findet er einen Menschen, mit dem er in irgendein Verhältnis treten muß. Was ist da geschehen? Der Mensch hat mit dem andern, mit dem er jetzt zusammengetroffen ist, einmal zusammengelebt. Er ist ihm früher irgend etwas schuldig geblieben. Das ist eingetragen in die Akasha-Chronik, und die Kräfte haben ihn hingeleitet an diesen Ort, damit er mit diesem Menschen zusammentreffen und ihm seine Schuld abtragen könne.

Fortwährend ist der Mensch zwischen Geburt und Tod in einen solchen Zusammenhang von Kräften eingeschlossen, die ihn von allen Seiten seelisch umspinnen, und das sind die dirigierenden Mächte seines Lebens. Sie sehen so, daß Sie eigentlich fortwährend die Wirkungen früherer Leben in sich tragen, daß Sie immer die Wirkungen früherer Verkörperungen erleben.

So müssen Sie sich klar sein, daß Sie in Ihrem Leben geleitet werden von Mächten, die Sie selber nicht kennen. Was auf den Ätherleib wirkt, sind Formgebilde, die Sie selbst früher auf dem Astralplan hervorgebracht haben, und was Ihr Schicksal wirkt, sind Wesenheiten, Kräfte auf den höheren Partien des Devachan, die Sie selbst eingeschrieben haben in die Akasha-Chronik. Diese Kräfte oder Wesenheiten sind dem Okkultisten nicht unbekannt, sie sind ganz hineingestellt in die Rangordnung von ähnlichen Wesenheiten. Sie müssen sich klar sein, daß Sie sowohl im Astralleib als im Ätherleib und im physischen Leibe die Wirkungen überhaupt von anderen Wesenheiten verspüren. Alles, was Sie unwillkürlich tun, alles, wozu Sie gedrängt werden, geschieht durch die Wirkung von anderen Wesenheiten. Es geschieht nicht aus dem Nichts heraus. Die verschiedenen Glieder der Menschennatur sind fortwährend wirklich durchdrungen und angefüllt von anderen Wesenheiten, und der eingeweihte Lehrer läßt ein gut Teil der Übungen machen, um dieselben herauszutreiben, damit der Mensch immer freier und freier werde.

Man nennt die Wesenheiten, die den Astralleib durchsetzen und ihn unfrei machen, Dämonen. Fortwährend sind Sie in Ihrem Astralleib von solchen Dämonen durchdrungen, und die Wesenheiten, die Sie selbst durch Ihre wahren oder falschen Gedanken erzeugen, sind solche, die sich nach und nach zu Dämonen auswachsen. Es gibt gute Dämonen, die von guten Gedanken ausgehen. Schlimme Gedanken aber, vor allem unwahre, lügnerische, erzeugen dämonische Gestalten der furchtbarsten und gräßlichsten Art, die den Astralleib, wenn man sich so ausdrücken darf, durchspicken. Ebenso durchsetzen den Ätherleib Wesenheiten, von denen sich der Mensch frei machen muß, das sind die Spektren oder Gespenster, und endlich gibt es solche, die den physischen Leib durchsetzen, das sind die Phantome. Außer diesen dreien gibt es noch andere Wesenheiten, die das Ich hin- und hertreiben, das sind die Geister, wie das Ich ja auch selbst Geist ist. Tatsächlich ist der Mensch der Hervorrufer von solchen Wesenheiten, die dann, wenn er auf die Erde herunterkommt, das innere und äußere Schicksal bestimmen. Dieselben beleben den Lebensgang so, daß Sie alles spüren, was Ihr Astralleib an Dämonen, Ihr Ätherleib an Gespenstern und Ihr physischer Leib an Phantomen hervorgebracht hat. Alles das hat eine Verwandtschaft zu Ihnen, es strebt zu Ihnen hin, wenn Sie wiederverkörpert werden.

Da sehen Sie, wie religiöse Urkunden diese Wahrheiten ausdrücken. Wenn in der Bibel von der Austreibung von Dämonen die Rede ist, so ist das kein Abstraktum, sondern es ist wirklich und wörtlich zu verstehen. Was tat der Christus Jesus? Er heilte den von Dämonen Besessenen, er holte heraus aus dem astralischen Leibe die Dämonen. Das sind reale Vorgänge und es ist durchaus wörtlich zu nehmen. Auch Sokrates, dieser erleuchtete Geist, spricht von seinem Dämon, der in seinem Astralleibe wirkte. Das war ein guter Dämon; man muß sich unter Dämonen nicht nur schlechte Wesenheiten vorstellen.

Aber es gibt auch furchtbare, verderbliche Dämonen. Alle Lügendämonen wirken so, wie wenn sie den Menschen zurückwürfen in der Entwickelung, und da in der Weltgeschichte bei den Lügen der großen Persönlichkeiten immer solche Lügendämonen geschaffen werden, die sich zu ganz gewaltigen Wesenheiten auswachsen, spricht man von den Geistern der Hemmnisse oder Hindernisse. In diesem Sinne sagt Faust zu Mephisto: «Der Vater bist du aller Hindernisse!»

Der einzelne Mensch, so wie er eingesponnen ist in die ganze übrige Menschheit, wirkt dadurch, daß er die Wahrheit spricht oder lügt, auf die ganze Welt zurück, denn ob er Wahrheits- oder Lügendämonen erzeugt, hat seine ganz verschiedenen Wirkungen. Denken Sie sich ein Volk, das aus lauter Lügnern bestände. Sie würden den Astralplan mit lauter Lügendämonen bevölkern, und diese können sich wiederum in der physischen Disposition zu Epidemien äußern. So gibt es eine gewisse Form von Bazillen als Träger von Infektionskrankheiten, die von den Lügen der Menschheit herstammen. Sie sind nichts anderes als physisch verkörperte Lügendämonen. Da sehen Sie, daß die Lügen der Vorzeit im Weltenkarma in einem bestimmten Heer von Wesenheiten auftreten. Wieviel Wahres Mythen und Sagen enthalten, sehen Sie an einer Stelle im «Faust». Da finden Sie einen Zusammenhang zwischen Ungeziefer und Lügen, ebenfalls in der Rolle, die Ratten und Mäuse spielen, im Zusammenhange mit dem Lügengeist, Mephisto. In den Sagen erhalten sich oft wunderbare Zusammenhänge zwischen der geistigen und der physischen Welt.

Wir müssen noch über manches andere sprechen, um das Karmagesetz zu verstehen. Aus einer gewissen intimen Erkenntnis des Karmagesetzes ist überhaupt die geisteswissenschaftliche Bewegung hervorgegangen. Sie haben eben gesehen, wie Dinge, die im Ätherleib liegen, im nächsten Leben auf den physischen Leib wirken. So wirkt die Gesinnung, die Neigung zu denken, in einer ganz bestimmten Art zu denken, auf den physischen Leib, und so ist es für eine nachfolgende Inkarnation nicht gleichgültig, ob Sie in Ihrer Gesinnung spirituell oder materialistisch sind. Ein Mensch, der etwas von höheren Welten weiß — er braucht nur an die höheren Welten zu glauben —, hat in seinem nächsten Leben einen zentrierten physischen Leib, dessen Nervensystem ruhig wirkt, den er in der Hand hat, bis in die Nerven hinein. Ein Mensch dagegen, der nur gelten lassen will, was in der Sinnenwelt ist, der pflanzt diese Gesinnung fort auf seinen physischen Leib und hat in der nächsten Verkörperung einen solchen, der zu Nervenkrankheiten disponiert ist, einen zappeligen physischen Leib, der keinen festen Willensmittelpunkt hat. Der Materialist zerfällt in lauter Einzelheiten; der Geist hält zusammen, denn er ist die Einheit.

Die Disposition kommt bei den einzelnen Menschen durch das Schicksal in der nächsten Inkarnation zum Vorschein, aber sie geht weiter durch die Generationen hindurch, so daß die Söhne und Enkel der Väter, die materialistisch gesinnt waren, das büßen müssen durch schlechte Beschaffenheit des Nervensystems und Nervenkrankheiten. Ein nervöses Zeitalter wie das unsrige ist die Folge der materialistischen Gesinnung des letzten Jahrhunderts, und als Gegenströmung haben die großen Lehrer der Menschheit die Notwendigkeit erkannt, die spirituelle Gesinnung einströmen zu lassen.

Der Materialismus hat auch bis in die Religion hinein gewirkt. Oder sind diejenigen, die wohl an die geistigen Welten glauben, aber nicht den Willen haben, sie zu erkennen, sind das keine Materialisten? Das ist der Materialismus in der Religion, der da möchte, daß sich das Geheimnis des Sechstagewerkes — wie sich die große Weltenevolution im Sechstagewerk der Bibel auslebt — vor seinen Augen abspielen soll, und der da spricht von Christus Jesus als einer «historischen Persönlichkeit» und vorübergeht an dem Mysterium von Golgatha. Der Materialismus in der Naturwissenschaft ist erst eine Folge des Materialismus in der Religion; es gäbe ihn nicht, wenn nicht das religiöse Leben vom Materialismus durchsetzt wäre. Diejenigen, die heute zu bequem sind, sich auf religiösem Gebiet zu vertiefen, sind dieselben, die in der Naturwissenschaft den Materialismus erzeugt haben. Und die durch diesen Materialismus erzeugte Nervenzerrüttung wirkt sich aus bei ganzen Stämmen, ganzen Völkern, wie im Einzelleben der Menschen.

Wenn die spirituelle Strömung nicht so viel Macht gewinnt, daß sie auch die Faulen und Bequemen erfassen kann, dann gewinnt dasjenige, was die karmische Folge ist, die Nervosität, immer mehr Einfluß auf die Menschheit, und wie es im Mittelalter Epidemien des Aussatzes gegeben hat, so werden, durch die materialistische Gesinnung hervorgerufen, in der Zukunft schwere Nervenerkrankungen, ganze Epidemien des Wahnsinns auftreten, und ganze Völker werden davon überfallen werden.

So sollte durch das Einsehen dieses Gebietes des Karmagesetzes die Geisteswissenschaft nicht etwas sein, über das man sich streitet, sondern ein Heilmittel für die Menschheit. Je mehr die Menschheit spirituell wird, desto mehr wird alles ausgemerzt, was mit Erkrankungen des Nervensystems und der Seele zusammenhängt.

# SIEBENTER VORTRAG

München, 31. Mai 1907

Um das Karmagesetz, sofern es im Menschenleben auftritt, noch besser verstehen zu können, will ich eine Erscheinung erzählen, die unmittelbar nach dem Tode des Menschen auftritt. Denken Sie an das Erinnerungs-Tableau, das auftritt, wenn der Mensch befreit ist von dem physischen Leibe und für kurze Zeit nur in der Hülle des ätherischen und astralischen Leibes lebt, ehe er seinen weiteren Fortgang durch die elementare Welt nimmt. Zum intimen Verständnis des Wirkens von Karma lassen Sie mich ein eigentümliches Gefühl schildern, das auch schon während dieses großen Tableaus auftritt. Es ist das eines Größerwerdens, eines Aus-sich-heraus-Wachsens. Dies tritt stärker und stärker auf, auch solange der Mensch noch in seinem Ätherleibe ist. Er kommt in eine eigentümliche Lage gegenüber diesem Tableau. Zuerst sind es Bilder des verflossenen Lebens, die er wie in einem Panorama anschaut. Dann kommt ein Moment — er liegt nicht lange nach dem Tode und dauert Stunden, auch Tage, je nach der Individualität des Menschen —, wo der Mensch die Empfindung hat: Ich bin selbst alle diese Bilder. — Er fühlt seinen Ätherleib wachsen, als ob er umgreife den ganzen Umkreis der Erde bis zur Sonne hinauf.

Dann, wenn der Mensch seinen Ätherleib verläßt, tritt ein anderes, höchst merkwürdiges Gefühl auf, das geradezu schwer mit Worten aus der physischen Welt zu beschreiben ist. Es ist zwar ein Gefühl der Ausdehnung weit hinaus bis in den Weltenraum, aber so, als ob man alle die Orte des Weltenraumes nicht mehr ausfülle. Man kann es nur grob beschreiben. Man fühlt sich so, daß man sich zum Beispiel mit einem Teil seines Wesens in München, einem andern in Mainz, einem dritten in Basel und noch mit einem andern Teile weit außerhalb des Erdkreises, vielleicht auf dem Monde fühlt. Man fühlt sich sozusagen zerstückelt und die dazwischenliegenden Räume als nicht zu sich gehörig. Das ist die eigentümliche Art, sich astral zu fühlen: wie ausgebreitet im Raum, an verschiedene Orte hinversetzt, aber den dazwischenliegenden Raum nicht ausfüllend. Und diese Empfindung dauert die ganze Kamaloka-

Zeit hindurch, die der Mensch rückläufig bis zur Geburt durchlebt. Es ist immer ein Durchleben solcher Stücke, die zu einem gehören. Das gliedert sich dann zusammen mit dem ganzen übrigen Kamaloka-Leben. Es ist wichtig, das zu wissen, um eine Vorstellung davon zu erhalten, wie eigentlich das Karmagesetz wirkt. Man fühlt sich zunächst in dem Menschen drinnen, mit dem man zuletzt verbunden war, und dann zurück in allen Menschen und andern Wesen, mit denen man zu tun hatte während des Lebens.

Wenn Sie zum Beispiel in Mainz einmal einen Menschen geprügelt haben, so erleben Sie nach Ihrem Tode zur gegebenen Zeit die Prügel selbst, die Schmerzen, die Sie ihm zugefügt haben. Wenn der Mensch also dann noch in Mainz ist, so fühlt sich ein Teil Ihres astralischen Leibes nach Ihrem Tode in Mainz und erlebt dort die Sache. Ist der Geprügelte dagegen inzwischen gestorben, so fühlen Sie sich dort, wo er selbst jetzt in Kamaloka ist. Wir haben es natürlich nicht nur mit diesem einen Menschen zu tun, sondern auch mit vielen andern, die auf der Erde und in Kamaloka zerstreut sind. Überall sind Sie; das gestattet Ihnen dies unterbrochene Wesen, das die Körperlichkeit in Kamaloka ausmacht. Sie macht es möglich, in allen anderen drinnen das zu erleben, was Sie mit ihnen zu tun gehabt haben, und Sie bilden sich so eine bleibende Verbindung mit all denen, mit denen Sie in Berührung gekommen sind. Sie sind nun mit diesem Menschen, den Sie geprügelt haben, verbunden dadurch, daß Sie in Kamaloka mit ihm gelebt haben. Sie gehen später hinauf nach Devachan und dann wieder zurück nach Kamaloka. Nun findet Ihr Astralleib beim Aufbau das, was ihn zusammenbringt mit dem Menschen, mit dem Sie zusammengewachsen waren. Und da es viele solcher Verbindungen gibt, so sehen Sie, daß alles, was mit Ihnen zu tun hat, durch eine Art Band mit Ihnen verknüpft ist.

Eine deutliche Erklärung wird Ihnen das vom Okkultisten beobachtete Geschehnis geben, von dem ich Ihnen bereits sprach, wo fünf Femrichter einen Menschen zum Tode verurteilten und denselben auch hinrichteten. Diese letztere Persönlichkeit war in ihrem vorhergehenden Leben eine Art Häuptling und hatte die fünf hinrichten lassen; dann starb sie und kam nach Kamaloka. Während dieser Zeit wurde sie an den Ort versetzt, an dem die andern waren, und in die andern hinein, und mußte die Empfindungen erleben, die die andern gehabt hatten, als sie getötet wurden. Das ist der Ausgangspunkt von Anziehungskräften, die beim Wiedererscheinen auf der Erde die Personen zusammenbringen, so daß das Karmagesetz sich vollziehen kann.

So haben wir die Technik, wie Karma wirkt. Sie sehen daraus, daß es Arten des Seins, Zusammengehörigkeiten in der Welt gibt, die schon auf dem astralen Plane beginnen. Auf dem physischen Plan besteht Kontinuierlichkeit der Substanz, auf dem astralen Plan dagegen können zusammengehörende, aber doch voneinander getrennte Teile der Körperlichkeit empfunden werden. Das ist so, wie wenn Sie in sich fühlten den Kopf, zwischen Kopf und Herz nichts, und dann das Herz, und dann die Füße und dazwischen nichts. Ein Stück von Ihnen kann in Amerika sein und ganz abgegrenzt zu Ihrer astralischen Körperlichkeit gehören, ein anderes auf dem Monde und ein drittes auf noch einem andern Planeten, und es braucht kein astral sichtbarer Zusammenhang zwischen diesen Gliedern zu sein.

Wenn wir in dieser Art das Karmagesetz betrachten, dann wird uns klar, daß, was im menschlichen Leben in einem Lebenszyklus auftritt, Ergebnis vieler Ursachen ist, die in verflossenen Leben liegen. Wie bringen wir nun das Karmagesetz in Einklang mit der äußeren Vererbung? Man sagt, es gebe viele Widersprüche zwischen Vererbung und diesem Gesetz. Viele sagen von einem moralisch tüchtigen Menschen, er müsse der Sprößling einer ebensolchen Familie sein, er müsse es von seinen Vätern ererbt haben. Wenn wir vom okkulten Standpunkte die physischen Vorgänge betrachten, wissen wir, daß dem nicht so ist. Allerdings können wir sie in gewisser Beziehung als Vererbungsvorgänge bezeichnen. Machen wir uns das durch Beispiele klar.

Wenn wir zum Beispiel die Familie Bach betrachten, so sehen wir, daß dort neunundzwanzig Musiker innerhalb zweihundertfünfzig Jahren geboren wurden, unter ihnen der große *Bach.* Zu einem guten Musiker gehört nämlich nicht nur die innere musikalische Fähigkeit, sondern ein physisch gut gebildetes Ohr, eine bestimmte Form desselben. Laien können das, worauf es ankommt, nicht unterscheiden; man muß tief mit okkulten Kräften hineinschauen. Wenn auch die Unterschiede klein und unbedeutend sind, eine bestimmte Form der inneren Gehörorgane ist notwendig, damit jemand Musiker werden kann, und diese Formen vererben sich. Sie sind ähnlich bei einem Menschen mit denen seines Vaters, Großvaters und so weiter, wie sich die Form der Nase vererbt.

Nehmen wir an, es sei oben auf dem astralen Plan eine Individualität bereit, sich zu verkörpern, und suche nach einem physischen Leibe. Sie hat sich vor Jahrhunderten oder Jahrtausenden besondere musikalische Fähigkeiten erworben. Findet sie nicht einen physischen Leib mit den passenden Ohren, kann sie nicht Musiker werden. Sie drängt darum hin zu einer solchen Familie, die ihr das musikalische Ohr gibt. Ohne ein solches könnte ihre musikalische Veranlagung sich nicht ausleben, denn der größte Virtuose kann nichts leisten, wenn man ihm kein Instrument gibt.

Auch das mathematische Talent braucht etwas ganz Bestimmtes. Zum Mathematiker ist nicht eine besondere Gehirnkonstruktion nötig, wie viele Menschen glauben. Das Denken, die Logik ist bei ihm wie bei andern. Worauf es ankommt, sind die im Ohre befindlichen drei sogenannten halbzirkelförmigen Kanäle, die so zueinander stehen, daß sie die drei Richtungen des Raumes einnehmen. Die besondere Ausbildung derselben bedingt das mathematische Talent. Darin liegt die Anlage zur Mathematik. Es ist ein physisches Organ und das muß vererbt werden. So sehen wir, daß sich in der Familie *Bernoulli* acht bedeutende Mathematiker verkörpert haben.

Auch der moralische Mensch braucht, um seine moralische Anlage zu betätigen, ein Elternpaar, das ihm den geeigneten physischen Leib vererbt. Und er hat diese Eltern, weil er eine solche Individualität ist und keine andere. Die Individualität sucht sich selbst ihre Eltern aus, wenn auch unter der Leitung von höheren Wesenheiten. Es gibt manche Menschen, die gegen diese Tatsache vom Standpunkte der Mutterliebe etwas einzuwenden haben. Sie haben Angst, sie könnten etwas verlieren, wenn das Kind nicht von der Mutter diese oder jene Eigenschaft ererbt. Die richtige Erkenntnis aber vertieft sogar das Gefühl der Mutterliebe. Sie zeigt, daß es ein vorgeburtliches Liebesgefühl ist, das schon vor der Empfängnis da war, was das Kind zur Mutter hinführte. Das Kind bringt schon vor der Geburt der Mutter Liebe entgegen; die Mutterliebe ist die Gegenliebe. So finden wir die Mutterliebe, spirituell angesehen, verlängert bis vor die Geburt hinaus. Sie beruht auf Gegenseitigkeitsgefühlen.

Man glaubt oft, der Mensch stünde unter dem unabänderlichen Gesetz des Karma, es wäre nichts daran zu ändern. Führen wir ein Gleichnis aus dem gewöhnlichen Leben für das Wirken dieses Karmagesetzes an. Ein Kaufmann hat in seinem Buche Posten für Soll und Haben. Wenn er diese zusammenzählt und vergleicht, drückt sich in ihnen der Stand seines Geschäftes aus. Der Geschäftsstand des Kaufmanns steht unter dem unerbittlichen Rechnungsgesetze des Soll und Haben. Macht er jedoch neue Geschäfte, so kann er neue Posten eintragen, und er wäre ein Tor, wenn er keine neuen Geschäfte machen wollte, weil er einmal die Bilanz gezogen hat. In bezug auf das Karma steht auf der Habenseite alles, was der Mensch Gutes, Kluges, Wahres, Richtiges getan hat, auf der Sollseite alles, was er Böses, Törichtes getan hat. Es steht ihm in jedem Momente frei, neue Posten ins karmische Lebensbuch einzutragen. Daher glaube man niemals, daß im Leben ein unabänderliches Schicksalsgesetz herrschend sei. Die Freiheit wird nicht beeinträchtigt durch das Karmagesetz. Und deshalb müssen Sie bei dem Karmagesetz ebensosehr an die Zukunft denken wie an die Vergangenheit. Wir tragen in uns die Wirkungen vergangener Taten, und wir sind die Sklaven der Vergangenheit, aber die Herren der Zukunft. Wollen wir dieselbe gut gestalten, müssen wir möglichst günstige Posten ins Lebensbuch eintragen.

Es ist ein großer, gewaltiger Gedanke, zu wissen, daß, was man auch tut, nichts vergeblich ist, daß alles seine Wirkung in die Zukunft hinein hat. So wirkt das Gesetz nicht bedrückend, sondern es erfüllt uns mit schönster Hoffnung. Es ist die schönste Gabe der Geisteswissenschaft. Wir werden froh durch das Karmagesetz, dadurch, daß wir hineinschauen in die Zukunft. Es gibt uns die Aufgabe, tätig zu sein im Sinne eines solchen Gesetzes, es hat nichts, was den Menschen traurig machen kann, nichts, was der Welt eine pessimistische Färbung geben könnte. Es beflügelt unsere Tätigkeit, mitzuwirken an dem Erden-Werdegang. In solche Gefühle muß sich das Wissen vom Karmagesetz umsetzen.

Wenn ein Mensch leidet, sagt man oft: Er verdient sein Leiden, er muß sein Karma austragen; helfe ich, so greife ich ein in sein Karma. — Das ist eine Torheit. Seine Armut, sein Elend ist bewirkt durch sein voriges Leben, aber wenn ich ihm helfe, wird meine Hilfe einen neuen Posten in sein Leben eintragen. Ich bringe ihn dadurch vorwärts. Es ist ja auch töricht, einem Kaufmann, den man mit 1000 Mark oder 10 000 Mark vor dem Untergang retten könnte, zu sagen: Nein, dann würde ja deine Bilanz verändert werden. — Gerade das muß uns drängen, dem Menschen zu helfen. Ich helfe ihm, weil ich weiß, daß im karmischen Zusammenhange nichts ohne Wirkung ist. Das sollte uns ein Ansporn sein für ein wirkliches Handeln.

Von vielen Leuten wird vom Gesichtspunkte des Christentums aus das Gesetz des Karma bestritten. Die Theologen sagen: Das Christentum kann das Karmagesetz nicht anerkennen, denn wenn dieses richtig wäre, könnte es niemals das Prinzip des stellvertretenden Todes zulassen. — Aber es gibt auch Theosophen, die sagen, das Karmagesetz stände in Widerspruch mit dem Erlösungsprinzip. Sie sagen, sie könnten diese Hilfe, die ein einzelnes Wesen vielen Menschen gibt, nicht anerkennen. Sie haben beide unrecht, sie haben das Karmagesetz beide nicht verstanden.

Nehmen Sie einen elenden Menschen. Sie selbst sind in einer glücklicheren Lage, Sie können ihm helfen. Durch diese Hilfe schreiben Sie einen neuen Posten in sein Leben ein. Eine noch mächtigere Person kann zwei Menschen helfen und auf das Karma von zweien einwirken. Ein noch Mächtigerer kann zehn oder hundert Menschen helfen, und der Mächtigste kann Ungezählten helfen. Das widerstrebt durchaus nicht dem Prinzip der karmischen Zusammenhänge. Gerade durch die Zuverlässigkeit des Karmagesetzes wissen wir, daß diese Hilfe auch wirklich eingreift in das Schicksal des Menschen.

Man weiß, daß in der Tat die Menschheit jene Hilfe brauchte, als die Christus-Individualität auf diesen Plan herunterversetzt wurde. Der Kreuzes-Tod des Erlösers, des einen Mittelpunktwesens, das war die Hilfe, die eingriff in das Karma von Unzähligen. Es gibt keinen Zwiespalt zwischen der richtig verstandenen christlichen Esoterik und der richtig verstandenen Geisteswissenschaft. Wir finden einen tiefen Einklang zwischen den Gesetzen beider und sind durchaus nicht gezwungen, das Prinzip der Erlösung aufzugeben.

Wir werden noch tiefer hineingeführt in das Karmagesetz, wenn wir zur Menschheitsentwickelung sowohl als zur Entwickelung der Erde übergehen. Wir haben einige Tatsachen angeführt, die uns zum Verständnis des Karmagesetzes führen sollen. Einiges andere werden wir noch besser verstehen, wenn wir zur Menschheitsevolution selber übergehen, und zwar nicht nur während der Erde, sondern auch durch die anderen Planeten hindurch, die andere Verkörperungen unserer Erde sind. Wir werden darin einige Ergänzungen für das Karmagesetz finden können, indem wir zurückgeführt werden in uralte Zeiten und zugleich hingewiesen werden auf urferne Zukunft.

Einleitend wollen wir uns noch mit einer wichtigen Tatsache bekannt machen. Wir sind uns heute klar geworden, daß das, was wir mit physischen Augen sehen können am Menschen, sein äußerer physischer Leib, ausgebaut wird von den höheren Gliedern der Menschennatur, daß sein Ich, Astral- und Ätherleib und so weiter bis zum höchsten Glied, Atma, arbeiten an unserem Körper. Die Teile desselben, wie sie heute im Menschen sind, sind nicht gleichwertig, sondern sie haben einen verschiedenen Wert in der menschlichen Natur. Man braucht nur eine ziemlich triviale Betrachtung zu machen, um einzusehen, daß unser physischer Leib im Grunde der vollkommenste Teil unserer Natur ist. Man nehme zum Beispiel einen Teil des Oberschenkelknochens. Das ist kein kompakter fester Knochen, sondern ein kunstvoll wie aus hin- und hergehenden Balken konstruierter Teil. Wer nicht nur mit dem Verstande, sondern mit Empfindung diesen Teil betrachtet, der wird in Bewunderung geraten über die Weisheit, die da geschaffen hat, die nicht mehr Material verwendet hat, als notwendig ist, um nach dem Prinzip des kleinsten Kraftmaßes den Oberkörper zu tragen. Keine Ingenieurkunst, die eine Brücke bauen will, ist so weit wie jene Weisheit, die in der Natur so etwas zustande gebracht hat.

Wenn man nicht nur mit dem Blick des Anatomen und Physiologen das menschliche Herz erforscht, wird man in demselben einen Ausdruck hoher Weisheit finden. Glauben Sie nicht, daß der Astralleib des Menschen in seiner Art heute schon so weit ist wie das physische Menschenherz. Das Herz ist kunstvoll und weisheitsvoll gebaut; der Astralleib in seiner Begierde veranlaßt den Menschen, jahrzehntelang lauter Herzgift in sich hineinzugießen, und das Herz hält dem jahr-zehntelang stand. Erst auf einer zukünftigen Entwickelungsstufe wird auch der Astralleib so weit sein wie heute der physische Leib, und zwar wird er dann viel, viel höher stehen als der physische Leib. Heute ist dieser der vollkommenste, weniger vollkommen ist der Äther-, und noch weniger der Astralleib, und das Baby unter den Leibern ist das Ich.

Der physische Leib, so wie er heute vor uns steht, ist das älteste Glied der Menschennatur. An ihm ist am längsten gearbeitet worden. Erst als er eine bestimmte Stufe im Laufe der Entwickelung erreicht hatte, wurde er durchzogen vom Ätherleib. Nachdem diese beiden eine Zeit-lang zusammengewirkt hatten, trat der Astralleib hinzu und erst zu-letzt das Ich, das aber in der Zukunft ungeahnte Höhen in der Ent-wickelung erlangen wird.

Ebenso wie der Mensch sich wiederholentlich verkörpert, so hat auch unsere Erde Verkörperungen durchgemacht und wird noch weitere durchmachen. Der Gang der Reinkarnation vollzieht sich durch den ganzen Kosmos hindurch. Unsere Erde ist in ihrer heutigen Gestalt die Wiederverkörperung früherer Planeten, und wir können auf drei der-selben blicken.

Unsere Erde war, ehe sie Erde wurde, das, was man im Okkultismus — nicht in der Astronomie — Mond nennt. Der heutige Mond ist gleich-sam eine Schlacke, die als nicht brauchbar hinausgeworfen worden ist. Wenn wir Erde und Mond mit allen Substanzen und Wesenheiten zu-sammenrühren könnten, dann bekämen wir das, was wir den Vorgän-ger der Erde nennen, den okkulten Mond, und was heute als Erde zu-rückgeblieben ist, ist der nach dem Abwerfen der Schlacke stehenge-bliebene Rest des Mondes.

So wie der jetzige Mond ein hinausgeworfener Rest der alten Mon-desverkörperung ist, so ist die Sonne, die am Himmel steht, etwas, was hervorgegangen ist aus einem noch früheren Zustand der Erde. Bevor die Erde Mond wurde, war sie, wie wir im Okkultismus sagen, selbst Sonne, und diese Sonne bestand aus allen Substanzen und Wesenheiten, die heute Sonne, Mond und Erde bilden. Diese Sonne entledigte sich der Glieder, die sie als höherer Körper nicht behalten konnte, der Sub-stanzen und Wesenheiten, die heute Erde und Mond bilden, und dadurch wurde sie Fixstern. Ein solcher ist für den Okkultisten nicht etwas, was immer schon ein Fixstern war. Die Sonne ist erst zum Fixstern geworden, nachdem sie Planet gewesen war.

Die Sonne, die man heute erblickt, die einst mit der Erde vereint war, hat in sich viele Wesenheiten aufgenommen, die höherstanden als die Erdenwesenheiten, ebenso wie der Mond, den man sieht, die schlechtesten Teile bekommen hat und daher eine ausgeworfene Schlacke ist. Der Mond ist ein herabgekommener, die Sonne ein heraufgestiegener Planet.

Dem Sonnendasein ging noch ein anderes Dasein voran, das Saturndasein. So haben wir vier aufeinanderfolgende Verkörperungen der Erde: Saturn, Sonne, Mond, und als vierte die Erde. Als der Menschenvorfahr auf dem Saturn sich entwickelte, war in ihm nur das Prinzip des physischen Leibes. Auf der Sonne gesellte sich dazu der Ätherleib, auf dem Monde der Astralleib und hier auf der Erde das Ich.

Aus dem Vortrage «Blut ist ein ganz besonderer Saft» werden Sie wissen, wie das Ich in intimster Weise zum Blut steht. Dieses Blut war nicht in einem Menschenleibe, bevor sich ein Ich verkörperte, so daß dieses rote Menschenblut mit der Entwickelung der Erde selbst zusammenhängt. Es hätte sich gar nicht bilden können, wenn nicht die Erde im Gang ihrer Entwickelung mit einem anderen Planeten zusammengetroffen wäre: mit dem Mars. Vorher hatte die Erde kein Eisen, gab es kein Eisen im Blut; es gab überhaupt nicht solches Blut, von dem der Mensch heute abhängig ist. In der ersten Hälfte des Erdendaseins ist das Maßgebende für die Erdenentwickelung der Einfluß des Planeten Mars, ebenso wie es für die zweite Hälfte der Einfluß des Planeten Merkur ist. Der Mars hat der Erde das Eisen gegeben, und der Merkur-Einfluß zeigt sich auf der Erde dadurch, daß er die Menschenseele immer freier macht, so daß sie immer unabhängiger werden kann. Man faßt daher im Okkultismus die Erdenentwickelung so auf, daß man von zwei Hälften derselben spricht, von der Marshälfte und der Merkurhälfte. Während die übrigen Namen einen ganzen Planeten bezeichnen, wird die Erdenentwickelung ausgesprochen als «Mars-Merkur». Man bezeichnet mit diesem Mars und Merkur nicht die heutigen Sterne, sondern eben das, was in der ersten und zweiten Hälfte diese bezeichnenden Einflüsse ausübt.

In der Zukunft wird die Erde sich verkörpern in einem neuen Planeten, den man Jupiter nennt. Dann wird der Astralleib so weit sein, daß er sich nicht mehr wie ein Feind dem physischen Leib entgegenstellt, wie es heute der Fall ist, doch wird er noch nicht auf der höchsten Stufe angelangt sein. So weit wie der physische wird dann der Ätherleib sein. Der wird dann drei Planetenentwickelungen hinter sich haben wie heute der physische Leib.

Der Astralleib wird auf der darnach folgenden Verkörperung so weit sein wie heute der physische Leib; er wird dann hinter sich haben die Mond-, Erden- und Jupiterentwickelung und wird angelangt sein in der Venusentwickelung. Auf der letzten Verkörperung, dem Vulkan, wird das Ich seine höchste Entwickelung erlangt haben. So werden die künftigen Verkörperungen der Erde sein: Jupiter, Venus, Vulkan.

Diese Bezeichnungen finden sich wieder in den Wochentagen. Es gab eine Zeit, wo die Namengebung für die Tatsachen, die uns umgeben, ausging von den Eingeweihten. Heute hat man kein inneres Gefühl mehr für die Zusammengehörigkeit der Namen mit den Dingen. Die Namen der Wochentage sollten den Menschen eine Erinnerung sein an ihren Werdegang durch die Entwickelungszustände der Erde.

Fangen wir an beim Sonnabend: Saturntag, englisch Saturday. Dann Sonntag: Sonnentag. Montag: Mondtag. Dann Mars und Merkur, die zwei Zustände unserer Erde: Mars-Tag — Dienstag, auf altgermanisch Ziu- oder Dinstag, und französisch Mardi, italienisch Martedì. Mittwoch: der Merkurs-Tag, italienisch Mercoledì, französisch Mercredi. Merkur ist dasselbe wie Wotan. Tacitus spricht vom Wotanstag; im Englischen noch jetzt Wednesday. Dann der Jupitertag: Jupiter ist der deutsche Donar, daher der deutsche Donnerstag, französisch Jeudi, italienisch Giovedì. Dann der Venus-Tag; Venus, die deutsche Freia: Freitag, französisch Vendredi und italienisch Venerdì.

So haben wir in der Aufeinanderfolge der Wochentage ein Erinnerungszeichen an den Werdegang der Erde durch ihre verschiedenen Verkörperungen hindurch.

# ACHTER VORTRAG

München, 1. Juni 1907

Die verschiedenen Verkörperungen unseres Planeten wollen wir jetzt einmal der Reihe nach betrachten. Wir müssen uns dabei durchaus die Vorstellung bilden, daß dies Verkörperungen unseres Erdenplaneten waren, also die Zustände der Erde, als sie einst Saturn, Sonne, Mond war, und wir müssen uns vorstellen, daß diese Verkörperungen für die Bildung der Wesen, besonders des Menschen, notwendig waren, daß des Menschen eigene Entwickelung mit der Entwickelung der Erde innig zusammenhängt. Wir werden aber nur dann einen richtigen Begriff davon bekommen, was da geschehen ist, wenn wir uns einen Gedanken darüber bilden, wie in bezug auf gewisse Eigenschaften sich das, was wir heute als Menschen, als uns, erkennen, im Laufe der Entwickelung verändert hat, und zwar wollen wir zuerst die Veränderungen betrachten, die sich mit dem Menschen in bezug auf seine Bewußtseinszustände vollzogen haben. Alles, alles hat sich in der Welt entwickelt, auch unser Bewußtsein hat sich entwickelt. Das Bewußtsein, das der Mensch heute hat, hat er nicht immer gehabt; das ist erst nach und nach so geworden, wie es heute ist.

Unser heutiges Bewußtsein nennen wir das Gegenstandsbewußtsein oder das wache Tagesbewußtsein. Sie alle kennen es als das, was Ihnen eigen ist vom Morgen, wenn Sie aufwachen, bis abends, wenn Sie einschlafen. Machen wir uns klar, worin es besteht. Es besteht darin, daß der Mensch seine Sinne in die Außenwelt richtet und Gegenstände wahrnimmt; deshalb nennen wir es Gegenstandsbewußtsein. Der Mensch schaut in die Umgebung hinein und schaut mit seinen Augen gewisse Gegenstände im Raum, die von Farben umgrenzt sind. Er hört mit dem Ohr hinaus und vernimmt, daß Gegenstände im Raum sind, die tönen, die Schall verbreiten. Er berührt mit seinem Tastsinn die Gegenstände, findet sie warm oder kalt, er riecht, er schmeckt Gegenstände. Das, was er so mit seinen Sinnen wahrnimmt, darüber denkt er nach. Er wendet seine Vernunft dazu an, diese verschiedenen Gegenstände zu begreifen, und aus diesen Tatsachen der Sinneswahrnehmungen und des Begreifens derselben mit unserem Verstande setzt sich das wache Tagesbewußtsein, wie der Mensch es heute hat, zusammen. Dieses Bewußtsein hat der Mensch nicht immer gehabt, es hat sich erst entwickelt, und er wird es nicht immer so haben, sondern er wird aufsteigen zu höheren Bewußtseinszuständen.

Wir können uns zunächst mit den Mitteln, die uns der Okkultismus verleiht, sieben Bewußtseinszustände überblicken, von denen unser heutiges Bewußtsein das mittlere ist. Drei vorhergehende und drei nachfolgende können wir überblicken. Mancher wird sich darüber wundern, daß wir gerade so schön in der Mitte stehen. Das kommt daher: Dem ersten Zustande gehen andere voran, die sich unseren Blicken entziehen, dem siebenten folgen andere nach, die sich unserer Betrachtung ebenso entziehen. Wir sehen eben nach hinten so weit wie nach vorn. Würden wir um eines zurückstehen, so würden wir nach hinten eines mehr erblicken und nach vorn eines weniger, geradeso, wie Sie hinausgehen aufs Feld und links so weit sehen können wie rechts.

Diese sieben Bewußtseinszustände sind folgende. Zuerst ein sehr dumpfer, tiefer Bewußtseinszustand, den der Mensch heute kaum mehr kennt. Nur besonders medial veranlagte Menschen können heute noch diesen Bewußtseinszustand haben, den einst auf dem Saturn alle Menschen hatten. Solche medial Veranlagte können in einen Zustand kommen, den auch der moderne Psychologe kennt. Das wache Tagesbewußtsein und auch noch andere Bewußtseinszustände sind bei ihnen eingeschläfert; sie sind wie tot. Dann aber, wenn sie in der Erinnerung oder auch während des Zustandes dasjenige zeichnen oder schildern, was sie dort erlebt haben, dann bringen sie ganz eigentümliche Erlebnisse zutage, die sich nicht um uns herum abspielen. Sie entwerfen allerlei Zeichnungen, die, wenn sie auch grotesk und verzerrt sind, doch übereinstimmen mit dem, was wir in der Geisteswissenschaft bezeichnen als Kosmoszustände. Sie sind oft durchaus nicht richtig, aber sie haben doch etwas, woran man erkennen kann, daß solche Wesen während dieses herabgedämmerten Zustandes ein dumpfes, aber ein universelles Bewußtsein haben. Sie sehen Weltkörper und daher zeichnen sie solche.

Solches Bewußtsein, das dumpf ist, dafür aber eine Allwissenheit darstellt in unserem Kosmos, hat der Mensch einstmals auf der ersten Verkörperung unserer Erde gehabt. Man nennt es tiefes Trancebewußtsein. Es gibt Wesen in unserer Umgebung, die solches Bewußtsein noch jetzt haben; das sind die Mineralien. Könnten Sie mit ihnen sprechen, so würden diese Mineralien Ihnen sagen, wie es auf dem Saturn zugeht. Nur ist dieses Bewußtsein ganz dumpf.

Der zweite Bewußtseinszustand, den wir kennen, oder vielmehr nicht kennen, weil wir dann schlafen, ist der des gewöhnlichen Schlafes. Dieser Bewußtseinszustand ist nicht so umfassend, aber trotzdem er noch sehr dumpf ist, ist er doch im Verhältnis zum ersten schon hell. Dieses Schlafbewußtsein hatten einst alle Menschen dauernd, als die Erde Sonne war. Damals hat der Menschenvorfahr fortwährend geschlafen. Auch heute gibt es noch diesen Bewußtseinszustand: die Pflanzen haben ihn. Sie sind Wesen, die unausgesetzt schlafen, und sie könnten uns, wenn sie sprechen könnten, erzählen, wie es auf der Sonne zugeht, weil sie Sonnenbewußtsein haben.

Der dritte Zustand, der immer noch dämmerhaft und dumpf ist im Verhältnis zu unserem Tagesbewußtsein, ist der des Bilderbewußtseins, und davon haben wir schon einen deutlichen Begriff, weil wir einen Nachklang im traumerfüllten Schlafe erleben, allerdings nur ein Rudiment von dem, was auf dem Monde das Bewußtsein aller Menschen war. Es wird gut sein, vom Traum auszugehen, um ein Bild des Mondenbewußtseins zu bekommen.

Im Traumleben finden wir zwar etwas Verwirrendes, Chaotisches, aber bei genauerer Beobachtung bietet diese Verwirrung doch eine intime Gesetzmäßigkeit. Der Traum ist ein merkwürdiger Symboliker. In meinen Vorträgen habe ich oft schon die folgenden Beispiele angeführt, die alle dem Leben entnommen sind: Sie träumen, Sie laufen einem Laubfrosch nach, um ihn zu fangen, Sie spüren den weichen glatten Körper; Sie wachen auf und haben den Zipfel des Bett-Tuches in Ihrer Hand. Hätten Sie ihr Wachbewußtsein angewendet, so hätten Sie gesehen, wie Ihre Hand die Bettdecke erfaßt. Das Traumbewußtsein gibt Ihnen ein Symbol der äußeren Handlung, es formt ein Sinnbild aus dem, was unser Tagesbewußtsein als Tatsache sieht.

Ein anderes Beispiel. Ein Student träumt, er stände an der Tür im

Hörsaal. Da wird er angerempelt, wie man in der Studentensprache es nennt. Daraus entsteht eine Forderung. Er erlebt nun alle Einzelheiten, bis er, von seinem Sekundanten und dem Arzt begleitet, zum Duell geht und der erste Schuß losgeht. In diesem Augenblicke wacht er auf und sieht, daß er den Stuhl vor seinem Bett umgestoßen hat. Im Wachbewußtsein hätte er diesen Fall einfach gehört; der Traum symbolisiert ihm diese prosaische Handlung durch die Dramatik des Duells. Und Sie sehen auch, daß die Zeitverhältnisse ganz andere sind, denn in dem einzigen Augenblick, als der Stuhl fiel, ist ihm das ganze Drama durch den Kopf geschossen. Alles, was Vorbereitung war, hat sich in einem Moment abgespielt. Der Traum hat die Zeit nach rückwärts verlegt, er gehorcht nicht den Verhältnissen der Welt, er ist ein Zeitbildner.

Nicht nur äußere Ereignisse können sich so symbolisieren, sondern auch innere Vorgänge des Leibes. Der Mensch träumt, er sei in einem Kellerloch, widrige Spinnen kriechen auf ihn zu. Er wacht auf und empfindet Kopfschmerz. Die Schädeldecke hat sich da in dem Kellerloch symbolisiert, der Schmerz in den häßlichen Spinnen.

Der Traum des heutigen Menschen symbolisiert Ereignisse, die im Innern und draußen sind. Aber so war es nicht, als dieser dritte Bewußtseinszustand derjenige des Menschen auf dem Monde war. Damals lebte der Mensch in lauter solchen Bildern wie im heutigen Traum, aber sie drückten Wirklichkeiten aus. Sie bedeuteten genauso eine Wirklichkeit, wie heute die blaue Farbe eine Wirklichkeit bedeutet. Nur schwebte damals die Farbe im Raume frei, sie war nicht an den Gegenständen. In dem damaligen Bewußtsein hätte der Mensch nicht sich auf die Straße begeben können wie heute, von ferne einen Menschen sehen, ihn anschauen, sich ihm nähern können, denn solche Formen von Wesen, die eine Farbe haben an ihrer Oberfläche, hätte der Mensch damals nicht wahrnehmen können, ganz abgesehen davon, daß der Mensch damals nicht so gehen konnte, wie es der heutige Mensch tut. Aber nehmen wir an, der Mensch wäre damals auf dem Monde einem andern begegnet: da wäre ein frei schwebendes Form- und Farbenbild vor ihm aufgestiegen; sagen wir, ein häßliches, dann wäre der Mensch auf die Seite gegangen, um ihm nicht zu begegnen, oder ein schönes, dann hätte er sich ihm genähert. Das häßliche Farbenbild hätte ihm angezeigt, daß der andere ein unsympathisches Gefühl gegen ihn habe, das schöne, daß der andere ihn liebe.

Nehmen wir an, es hätte auf dem Monde Salz gegeben. Wenn heute Salz auf dem Tische steht, so sehen Sie es, wie es im Raume ist, als Gegenstand, körnig, mit bestimmter Farbe. So wäre es damals nicht gewesen. Auf dem Monde würden Sie das Salz nicht haben sehen können, aber frei schwebend wäre von der Stelle, wo das Salz gewesen wäre, ausgegangen ein Form- und Farbenbild, und dieses Bild hätte Ihnen angezeigt, daß das Salz etwas Nützliches ist. So war das ganze Bewußtsein ausgefüllt mit Bildern, mit schwebenden Farben und Formen. In einem solchen Form- und Farbenmeere lebte der Mensch, aber diese Farben- und Formenbilder bedeuteten das, was um den Menschen vorging, vor allem die seelischen Dinge und was auf das Seelische Bezug hatte, was ihm zuträglich oder schädlich war. So orientierte sich der Mensch in der richtigen Weise über die Dinge um ihn herum.

Dieses Bewußtsein hat sich, als der Mond sich zur Erde herüberverkörperte, in unser heutiges Tagesbewußtsein verwandelt, und nur ein Überbleibsel ist geblieben im Traum, wie ihn der heutige Mensch hat, ein Rudiment, wie ja auch von anderen Dingen Rudimente geblieben sind. Sie wissen, daß zum Beispiel in der Nähe des Ohres gewisse Muskeln sind, die heute zwecklos erscheinen. Früher hatten sie ihren Sinn. Sie dienten dazu, die Ohren willkürlich zu bewegen. Heute gibt es nur wenige Menschen, die das können.

So finden sich auch im Menschen Zustände, die als letzter Rest einer einst sinnvollen Einrichtung geblieben sind. Trotzdem sie aber heute nichts mehr bedeuten, diese Bilder, damals bedeuteten sie die Außenwelt. Auch heute haben Sie dieses Bewußtsein noch bei all denjenigen Tieren — beachten Sie es wohl! —, die nicht aus ihrem Inneren heraus einen Ton entfalten können. Es besteht nämlich im Okkultismus eine viel richtigere Einteilung der Tiere als in der äußeren Naturwissenschaft, nämlich in innerlich tonlose und solche, die von innen heraus tönen können. Sie finden freilich bei manchen niederen Tieren, daß sie einen Ton entfalten, aber das geschieht dann auf mechanische Weise, durch Reiben und so weiter, nicht von innen heraus. Selbst die Frösche erzeugen den Ton nicht von innen. Erst die höheren Tiere, die damals entstanden sind, als der Mensch im Tone ausleben konnte sein Leid und seine Freude, erst sie haben mit dem Menschen die Möglichkeit bekommen, durch Laute und Schreie ihren Schmerz und ihre Lust zum Ausdruck zu bringen. Alle Tiere, die nicht von innen heraus tönen, haben noch solches Bilderbewußtsein. Es ist nicht so, daß niedere Tiere die Bilder in solchen Begrenzungen sehen wie wir. Wenn irgendein niederes Tier, zum Beispiel der Krebs, ein Bild wahrnimmt, das einen bestimmten häßlichen Eindruck macht, so weicht er aus. Er sieht die Gegenstände nicht, aber die Schädlichkeit sieht er in einem abstoßenden Bilde.

Der vierte Bewußtseinszustand ist der, den jetzt alle Menschen haben. Die Bilder, die der Mensch früher im Raume als Farbenbilder frei schwebend wahrgenommen hat, legen sich gleichsam um die Gegenstände. Sie sind, möchte man sagen, ihnen übergestülpt. Sie bilden die Grenzen der Dinge. Sie erscheinen an den Dingen, während sie früher frei schwebend erschienen. Dadurch sind sie der Ausdruck der Form geworden. Das, was der Mensch früher in sich hatte, ist hinausgetreten und hat sich an die Gegenstände geheftet. Dadurch ist er zu seinem heutigen wachen Tagesbewußtsein gekommen.

Wir wollen jetzt etwas anderes betrachten. Wir haben schon gesagt, daß auf dem Saturn vorbereitet wurde des Menschen physischer Leib. Auf der Sonne kam dazu der Äther- oder Lebensleib, durchdrang ihn und arbeitete an ihm. Er nahm das, was der physische Leib schon geworden war, an sich und arbeitete es weiter aus. Auf dem Mond kam hinzu der Astralleib; der veränderte wieder die Gestalt des Leibes. Auf dem Saturn war dieser physische Leib sehr einfach. Auf der Sonne war er schon viel komplizierter, denn jetzt arbeitete der Ätherleib daran und machte ihn vollkommener. Auf dem Mond kam der Astralleib hinzu, und auf der Erde kam das Ich hinzu und machte ihn noch vollkommener. Damals, als der physische Leib auf dem Saturn war, als noch kein Ätherleib eingedrungen war, da waren all diejenigen Organe, die heute darin sind, noch nicht in ihm, denn es fehlten Blut und Nerven, es waren auch noch keine Drüsen da. Damals hatte der Mensch, zwar nur in der Anlage, bloß diejenigen Organe, die heute die vollkommensten sind und die Zeit gehabt haben, zu ihrer heutigen Vollkommenheit aufzurücken: das sind die wundervoll gebauten Sinnesorgane.

Dieser wundervolle Bau des menschlichen Auges, dieser wunderbare Apparat des menschlichen Ohres, alles das hat erst heute seine Vollkommenheit erlangt, weil es aus der Saturnmasse herausgebildet wurde, und Ätherleib, Astralleib und Ich daran gearbeitet haben. So auch der Kehlkopf. Er war auf dem Saturn schon veranlagt, aber sprechen konnte der Mensch da noch nicht. Auf dem Mond begann er unartikulierte Töne und Schreie hinauszusenden, aber erst durch die beschriebene lange Arbeit wurde der Kehlkopf der vollkommene Apparat, wie er heute auf der Erde ist. Auf der Sonne, wo der Ätherleib eingefügt wurde, wurden diese Sinnesorgane weiter ausgebildet, und es kamen alle diejenigen Organe hinzu, die vorzugsweise Absonderungs- und Lebensorgane sind, die der Ernährung und dem Wachstum dienen. Sie sind zuerst während des Sonnendaseins veranlagt worden. Dann hat der Astralleib weitergearbeitet während des Mondendaseins, das Ich während des Erdendaseins; so sind die Drüsen, die Organe des Wachstums und so weiter zu ihrer heutigen Vollkommenheit herangereift. Dann wurde auf dem Monde durch die Eingliederung des Astralleibes zuerst das Nervensystem veranlagt. Das war damals, als der Mensch das Bilderbewußtsein hatte. Das aber, was den Menschen fähig machte, ein Gegenstandsbewußtsein zu entwickeln, was ihn zugleich fähig machte, von innen hinauszutönen seine Lust und sein Leid, das Ich, das bildete im Menschen sein Blut.

So ist das ganze Universum der Erbauer der Sinnesorgane. So ist alles, was Drüsen, Fortpflanzungs- und Ernährungsorgane sind, durch den Lebensleib gebildet. So ist der Astralleib der Erbauer des Nervensystems und das Ich der Eingliederer des Blutes. Es gibt eine Erscheinung, die man als Blutarmut oder Bleichsucht bezeichnet. Da kommt das Blut in einen Zustand, wo es nicht vermag, das Wachbewußtsein festzuhalten. Solche Personen kommen oft in ein dämmerhaftes Bewußtsein gleich demjenigen auf dem Monde.

Jetzt wollen wir die drei Bewußtseinszustände betrachten, die noch folgen. Man kann fragen: Wie ist es möglich, heute schon etwas davon zu wissen? — Es ist möglich durch die Einweihung. Der Eingeweihte kann diese Bewußtseinszustände in der Vorausnahme schon heute haben. Der nächste Bewußtseinszustand, den der Eingeweihte kennt, ist der sogenannte psychische, ein Bewußtseinszustand, in dem man beides zusammen hat, das Bilderbewußtsein und das wache Tagesbewußtsein. Bei diesem psychischen Bewußtsein sehen Sie den Menschen so wie im wachen Tagesbewußtsein in seinen Grenzen und Formen, aber Sie sehen zu gleicher Zeit das, was in seiner Seele lebt, ausströmen als Farbwolken und Bilder in dem, was wir die Aura nennen. Und Sie gehen dann nicht wie der Mondenmensch im traumhaften Zustande durch die Welt, sondern in vollständiger Selbstkontrolle, wie der heutige Mensch des wachen Tagesbewußtseins. Die ganze Menschheit wird auf dem Planeten, der unsere Erde ablöst, dieses psychische oder seelische Bewußtsein haben, das Jupiterbewußtsein.

Dann gibt es noch einen sechsten Bewußtseinszustand, den auch einst der Mensch haben wird. Der wird vereinigen das heutige wache Tagesbewußtsein, das, was der Eingeweihte nur als psychisches Bewußtsein kennt, und dazu noch alles, was heute der Mensch verschläft. Tief, tief hineinsehen wird der Mensch in die Natur der Wesenheiten, wenn er in diesem Bewußtsein lebt, dem Bewußtsein der Inspiration. Der Mensch wird nicht nur wahrnehmen in Farbenbildern und Formen, er wird die Wesenheit des andern tönen und klingen hören. Jede Menschenindividualität wird einen gewissen Ton haben, und das alles wird zusammenklingen zu einer Symphonie. Das wird das Bewußtsein des Menschen sein, wenn unser Planet in den Zustand der Venus übergegangen sein wird. Dort wird er die Sphärenharmonie erleben, die Goethe in seinem Prolog zum «Faust» beschreibt:

Die Sonne tönt nach alter Weise
In Brudersphären Wettgesang
Und ihre vorgeschriebne Reise
Vollendet sie mit Donnergang.

Als die Erde Sonne war, da vernahm der Mensch dämmerhaft dieses Tönen und Klingen, und auf der Venus wird er es wieder tönen und klingen hören «nach alter Weise». Sogar bis auf dieses Wort hat Goethe das Bild beibehalten.

Der siebente Bewußtseinszustand ist das spirituelle Bewußtsein, das eigentlich höchste Bewußtsein, wo der Mensch Allbewußtsein hat, wo er das sehen wird, was nicht nur auf seinem Planeten, sondern was in der ganzen kosmischen Nachbarschaft vorgeht; jenes Bewußtsein, das der Mensch auf dem Saturn hatte, das ja ganz dumpf, aber doch eine Art Allbewußtsein war. Das wird er zu all den übrigen Bewußtseinszuständen haben, wenn er auf dem Vulkan angekommen sein wird.

Das sind die sieben Bewußtseinszustände des Menschen, die er durchmachen muß auf seinem Wandelgange durch den Kosmos, und eine jede Verkörperung der Erde stellt die Bedingungen her, durch die solche Bewußtseinszustände möglich sind. Nur dadurch, daß auf dem Mond veranlagt worden ist das Nervensystem, das sich weiterentwickelt hat zu dem heutigen Gehirn, ist das heutige wache Tagesbewußtsein möglich geworden. Solche Organe müssen geschaffen werden, durch die sich die höheren Bewußtseinszustände auch physisch ausleben können, wie sie der Eingeweihte heute schon geistig erlebt.

Daß der Mensch durch solche sieben planetarische Zustände durchgehen kann, das ist der Sinn der Entwickelung. Eine jede planetarische Verkörperung ist verbunden mit der Entwickelung einer der sieben Bewußtseinszustände des Menschen, und durch das, was auf einem jeden Planeten vorgeht, bilden sich die physischen Organe aus für einen solchen Bewußtseinszustand. Sie werden ein höherentwickeltes Organ, ein psychisches Organ, auf dem Jupiter haben. Auf der Venus wird ein Organ vorhanden sein, wodurch der Mensch physisch das Bewußtsein wird entwickeln können, das heute der Eingeweihte auf dem Devachanplan hat. Und auf dem Vulkan wird jenes spirituelle Bewußtsein vorhanden sein, das der Eingeweihte heute hat, wenn er auf der höheren Partie des Devachan, wenn er in der Vernunftwelt sich befindet.

Morgen werden wir diese Planeten einzeln durchnehmen, denn wie unsere Erde früher, zum Beispiel in der atlantischen und in der lemurischen Zeit, anders ausgeschaut hat als heute, und wie sie später wieder anders ausschauen wird, so haben auch Mond, Sonne und Saturn verschiedene Zustände gehabt, und so werden Jupiter, Venus verschiedene Zustände durchmachen.

Wir haben heute die großen, umfassenden Kreisläufe der Planeten kennengelernt, und wir werden uns morgen mit den Veränderungen dieser Planeten beschäftigen, während sie der Schauplatz der Menschen waren.

# NEUNTER VORTRAG

München, 2. Juni 1907

Wir werden uns über den Gang der Menschheit durch die drei Verkörperungen hindurch, die vor der Erde stattgefunden haben, Saturn,
Sonne und Mond, am leichtesten verständigen, wenn wir zur Ergän-
zung den Menschen noch einmal im Schlaf, im Traum betrachten. Wenn
der Mensch schläft, sehen wir als Seher den Astralleib und das in demselben eingeschlossene Ich wie schwebend über dem physischen Leibe.
Dieser Astralleib ist dann außerhalb des physischen und Ätherleibes,
aber bleibt mit ihnen verbunden. Er sendet gleichsam Fäden, besser
gesagt Strömungen in den allgemeinen Leib des Kosmos und ist gleichsam in denselben hineingesenkt. So daß wir beim schlafenden Menschen
den physischen, den ätherischen und den astralischen Leib haben, aber
dieser letztere streckt Fühlfäden aus nach der großen astralischen Körperlichkeit.

Wenn wir uns diesen Zustand dauernd denken, wenn hier auf dem
physischen Plan nur Menschen wären, welche den physischen Leib mit
dem Ätherleib durchsetzt hätten und oben darüber schwebend eine
astralische Seele mit dem Ich, dann würden wir den Zustand haben, in
dem die Menschheit auf dem Monde war. Nur daß auf dem Mond dieser astralische Leib nicht stark getrennt war von dem physischen Leib,
sondern ebenso stark, wie er sich hinausstreckte in den Kosmos, ebenso
stark senkte er sich hinein in den physischen Leib. Wenn Sie sich aber
den Zustand denken ganz so, wie er heute im Schlafe ist, doch so, daß
nicht einmal ein Träumen möglich ist, dann haben Sie den Zustand, in
dem die Menschheit auf der Sonne war. Und wenn Sie sich jetzt vorstellen, daß der Mensch gestorben ist, daß auch sein Ätherkörper, verbunden mit dem Astralleib und dem Ich, heraus ist, aber so, daß die
Verbindung doch nicht ganz gelöst ist, daß das, was heraus ist, was eingebettet ist in die umliegende kosmische Masse, seine Strahlen hinun-
tersendet und arbeitet an der physischen Leiblichkeit, dann haben Sie
den Zustand, den die Menschheit auf dem Saturn hatte. Unten auf der
Weltkugel des Saturn war nur das enthalten, was in unserer rein physi-

schen Leiblichkeit ist; umgeben war sie gleichsam von einer ätherisch-astralischen Atmosphäre, in welcher eingebettet waren die Iche.

Die Menschen waren tatsächlich schon vorhanden auf dem Saturn, aber in einem dumpfen, dumpfen Bewußtsein. Diese Seelen hatten die Aufgabe, regsam und in Tätigkeit zu erhalten etwas, was drunten zu ihnen gehörte. Sie arbeiteten von oben an ihrem physischen Leibe. Wie eine Schnecke, die sich ihr Gehäuse bearbeitet, ebenso schaffen sie von außen, wie ein Instrument, an den leiblichen Organen. Wir wollen beschreiben, wie dasjenige aussah, an dem die Seelen oben arbeiteten. Wir haben diesen physischen Saturn, diesen Saturn überhaupt, ein wenig zu beschreiben.

Ich habe schon gesagt, das, was an der physischen Leiblichkeit dort ausgebildet wurde, waren die Anlagen der Sinnesorgane. Was als Sinnesanlage im Menschen lebte, bearbeiteten die Seelen äußerlich auf der Saturn-Oberfläche. Sie waren wirklich in dem den Saturn umgebenden Weltenraum, unten war ihre Werkstätte. Da arbeiteten sie die Typen für Augen und Ohren und für die anderen Sinnesorgane aus.

Was war nun die Grundeigenschaft dieser Saturnmasse? Sie ist schwer zu bezeichnen, weil wir in unserer Sprache kaum ein Wort haben, das dazu paßt, denn unsere Worte sind ja auch ganz materialisiert; sie passen nur für den physischen Plan. Es gibt aber ein Wort, das diese feine Arbeit, die da geleistet wurde, ausdrücken kann. Man kann es bezeichnen mit dem Ausdruck: sich spiegeln. Die Saturnmasse hatte die Eigenschaft, in allen ihren Teilen das, was von außen als Licht, als Ton, als Geruch, als Geschmack herankam, zu spiegeln. Alles wurde wieder zurückgeworfen, man nahm es im Weltenraum gleichsam wahr als ein Sich-Spiegeln im Spiegel des Saturn. Man kann es nur damit vergleichen, wenn man seinem Nebenmenschen ins Auge blickt und das eigene Bildchen uns daraus entgegenschaut. So nahmen sich alle Seelen der Menschen wahr, aber nicht nur als Bild in Farben, sondern sie schmeckten sich, sie rochen sich, sie nahmen sich in einem bestimmten Wärmegefühl wahr. So war der Saturn ein spiegelnder Planet. Die in der Atmosphäre lebenden Menschen warfen ihre Wesenheiten hinein, und aus diesen Bildern, die da entstanden, bildeten sich die Anlagen zu

94

den Sinnesorganen, denn es waren Bilder, die schöpferisch wirkten. Man denke sich vor einem Spiegel stehend, aus dem das eigene Bild einem entgegentritt, und dieses Bild beginne zu schaffen, sei nicht ein totes Bild wie beim heutigen leblosen Spiegel: da hat man die schöpferische Tätigkeit des Saturn, da hat man die Art und Weise, wie die Menschen selbst auf dem Saturn lebten und ihre Arbeit verrichteten.

Das spielte sich unten auf der Kugel des Saturn ab. Oben die Seelen hatten das tiefe Trancebewußtsein, von dem ich gestern gesprochen habe. Sie wußten nichts von dieser Spiegelung, sie haben es nur getan. In diesem dumpfen Trancebewußtsein hatten sie das ganze kosmische All in sich, und so hat sich aus ihrem Wesen heraus das ganze kosmische All gespiegelt. Sie selbst aber waren eingebettet in eine Grundsubstanz geistiger Art. Sie waren nicht selbständig, sondern nur ein Glied der den Saturn umgebenden Geistigkeit. Daher konnten sie nicht geistig wahrnehmen. Höhere Geister nahmen wahr mit ihrer Hilfe. Sie waren die Organe der Geister, die damals wahrnahmen.

Den Saturn umgab eine ganze Anzahl höherer Geister. Alles, was die christliche Esoterik Boten der Gottheit, Engel, Erzengel, Urkräfte, offenbarende Mächte genannt hat, alles das war enthalten in dieser Saturnatmosphäre. So wie die Hand zum Organismus gehört, so gehörten die Seelen zu diesen Wesenheiten, und so wenig wie die Hand ein selbständiges Bewußtsein hat, so wenig hatten sie damals ein eigenes Bewußtsein. Sie arbeiteten aus dem Bewußtsein höherer Geister, aus dem höheren Weltenbewußtsein heraus und gestalteten so die Bilder ihrer Sinnesorgane, die dann schöpferisch wurden, und sie gestalteten auch die Saturnmasse. Diese Saturnmasse dürfen Sie sich nicht so dicht vorstellen wie die heutige menschliche Fleischmasse. Der dichteste Zustand des Saturn, den er überhaupt erlangen konnte, war nicht einmal so dicht wie unsere heutige physische Luft. Der Saturn ist auch physisch geworden, hat es aber nur bis zur Dichtigkeit gebracht, die man die Dichte des Feuers, der Wärme nennt, der Wärme, in der die heutige Physik gar keinen Stoff mehr sieht. Die Wärme ist aber für den Okkultisten ein feinerer Stoff als die Gase; er hat die Eigenschaft, sich immer weiter auszudehnen. Und weil der Saturn aus diesem Stoff bestand, hatte er die Gabe, sich von innen auszudehnen, alles auszustrahlen, zu spiegeln. Ein solcher Körper strahlt alles aus; er hat nicht das Bedürfnis, alles in sich zu behalten.

Der Saturn war nicht etwa eine gleichförmige Masse, sondern so, daß man darin eine Differenzierung, eine Konfiguration hätte wahrnehmen können. Später rundeten sich die Organe sogar in zellenförmige Kugeln, nur daß Zellen klein sind; damals aber waren es große Kugeln, wie wenn Sie eine Maulbeere oder Brombeere nehmen. Sehen hätten Sie noch nicht können auf dem Saturn, denn jede Spiegelung warf alles, was ihr an Licht zukam, nach außen zurück. Innerhalb dieser Saturnmasse war alles finster. Nur gegen Ende seiner Entwickelung leuchtete der Saturn etwas auf. In der Umgebung der Atmosphäre dieser Saturnmasse gab es eine Anzahl von Wesen. Nicht nur Sie selbst bereiteten Ihre Sinnesorgane vor, denn des Menschen Seele war noch nicht so weit entwickelt, daß sie hätte allein arbeiten können. Sie arbeitete mit anderen geistigen Wesenheiten zusammen, trivial ausgedrückt, unter deren Leitung.

So selbständig, wie der heutige Mensch arbeitet, so arbeiteten auf dem Saturn gewisse Wesenheiten, die dazumal auf der Menschenstufe standen. Sie konnten nicht so gestaltet sein wie der heutige Mensch, da Wärme die einzige Substanz des Saturn war. Sie standen aber in bezug auf ihre Intelligenz, auf ihr Ichbewußtsein, auf der Stufe des heutigen Menschen; doch konnten sie sich keinen physischen Leib, kein Gehirn bilden. Betrachten wir sie etwas näher. Der heutige Mensch besteht aus einer Vierheit: physischer Leib, Ätherleib, Astralleib und das Ich, und im Ich vorgebildet Geistselbst, Lebensgeist und Geistesmensch — Manas, Buddhi, Atma. Das niederste, wenn auch in seiner Art vollkommenste Glied auf dem Erdenplaneten ist die physische Körperlichkeit, das nächsthöhere der Ätherleib, dann der Astralleib und das Ich. Es gibt nun auch Wesenheiten, die keinen physischen Leib haben, deren niederstes Glied der Ätherleib ist. Sie haben den physischen Leib nicht nötig, um sich in unserer sinnlichen Welt zu betätigen; dafür haben sie ein Glied, das höher ist als unser siebentes. Andere Wesenheiten haben als niederstes Glied den Astralleib und dafür ein neuntes, und wieder andere, die als niederstes Glied das Ich haben, die haben dafür noch ein zehntes Glied. Wenn wir die Wesenheiten ansehen, die das Ich als un-

terstes Glied haben, müssen wir sagen, sie bestehen aus dem Ich, Geistselbst, Lebensgeist, Geistesmensch. Dann kommt das achte, neunte und
zehnte Glied, das, was die christliche Esoterik die göttliche Dreieinig-
keit nennt: Heiliger Geist, Sohn oder Wort, Vater. In der theosophischen Literatur ist man gewohnt, sie die drei Logoi zu nennen.

Diese Wesenheiten, deren unterstes Glied das Ich ist, waren gerade
diejenigen, welche bei der Saturnentwickelung besonders für uns in
Betracht kommen. Sie waren auf der Stufe, auf der heute die Menschen
stehen. Sie konnten ihr Ich betätigen unter den ganz anderen Verhältnissen, die ich geschildert habe. Das waren die Vorfahren unserer heutigen Menschheit, die Menschen des Saturn. Sie bestrahlten die Oberfläche des Saturn mit ihrer Ichheit, ihrer äußersten Wesenheit. Sie waren die Einpflanzer der Ichheit in die physische Körperlichkeit, die
sich auf der Saturnoberfläche bildete. So sorgten sie dafür, daß der
physische Leib so vorbereitet wurde, daß er später der Träger des Ich
werden konnte. Nur ein solcher physischer Leib, wie Sie ihn heute
haben, mit Füßen, Händen und Kopf und den eingegliederten Sinnesorganen, konnte Ichträger werden auf der vierten Stufe, der Erde.
Dazu mußte ihm der Keim auf dem Saturn eingepflanzt werden. Diese
Ichwesen des Saturn nennt man auch die Geister des Egoismus.

Egoismus ist etwas, was zwei Seiten hat, eine vortreffliche und eine
verwerfliche. Wenn damals auf dem Saturn und auf den folgenden
Planeten nicht immer wieder und wieder die Wesenheit des Egoismus
eingepflanzt worden wäre, dann wäre der Mensch nie ein selbständiges
Wesen geworden, das «Ich» zu sich sagen kann. In Ihrer Leiblichkeit
ist schon von dem Saturn her die Summe der Kraft eingeimpft, die Sie
stempelt zu einer selbständigen Wesenheit, die Sie abgliedert von allen
anderen Wesenheiten. Dazu mußten die Geister des Egoismus, die Asu-
ras, wirken. Es gibt unter ihnen zwei Arten, abgesehen von kleinen
Schattierungen. Die eine Art ist die, die den Egoismus in der edlen, selbständigen Weise ausgebildet hat, die immer höher und höher gestiegen
ist in der Ausbildung des Freiheitssinnes: das ist die vortreffliche Selbständigkeit des Egoismus. Diese Geister haben durch alle folgenden
Planeten die Menschheit geleitet. Sie sind die Erzieher der Menschen
zur Selbständigkeit geworden.

Nun gibt es auf jedem Planeten auch solche Geister, die in der Entwickelung zurückgeblieben sind. Sie sind stationär geblieben, sie wollten nicht weiter. Daraus werden Sie ein Gesetz erkennen: Wenn das Vortrefflichste fällt, wenn es die «große Sünde» begeht, nicht mitzugehen mit der Entwickelung, dann wird es gerade das Schlechteste. Der edle Freiheitssinn ist in der Verwerflichkeit verkehrt worden in sein Gegenteil. Das sind die schwer in Betracht kommenden Geister der Versuchung; sie verleiten zu dem verwerflichen Egoismus. Auch heute sind sie noch in unserer Umgebung, diese schlimmen Geister des Saturn. Alles, was schlimm ist, hat seine Kraft von diesen Geistern.

Jeder Planet, wenn er seine Entwickelung vollendet hat, wird wieder geistig; er ist sozusagen nicht mehr vorhanden und geht über in einen Schlafzustand, um wieder daraus hervorzugehen. So auch der Saturn. Seine nächste Verkörperung ist die Sonne, jene Sonne, die Sie erhalten würden, wenn Sie alles das, was auf der Sonne, dem Mond und der Erde ist, mitsamt allen irdischen und geistigen Wesenheiten, zusammenmischen würden wie in einem Kessel. Die Sonnenentwickelung ist dadurch ausgezeichnet, daß der Ätherkörper einzog in den unten vorbereiteten physischen Menschenkörper. Die Sonne hat schon eine dichtere Körperlichkeit als der Saturn; sie ist zu vergleichen mit der Dichte der heutigen Luft. Die menschliche physische Körperlichkeit, der eigene Leib, den Sie sich formten, den sehen Sie auf der Sonne vom Ätherleib durchsetzt. Sie selbst gehörten zu einem Luftleib, wie auf dem Saturn zu einem Wärmeleib. Ihr Ätherleib war schon unten, aber in der Atmosphäre der Sonne war Ihr Astralleib mit Ihrem Ich eingegliedert in dem großen allgemeinen Astralleib der Sonne, und da wirkten Sie hinunter in den physischen und Ätherleib, ähnlich wie heute im Schlaf, wenn Ihr Astralleib draußen ist und an dem physischen und Ätherleibe arbeitet. Sie arbeiteten dazumal die ersten Anlagen aus zu all dem, was heute Wachstums- und Verdauungs- und Fortpflanzungsorgane sind. Sie gestalteten die Anlagen der Sinnesorgane vom Saturn um; einige behielten ihren Charakter bei, andere wurden umgestaltet zu Drüsen und Wachstumsorganen. Alle Wachstums- und alle Fortpflanzungsorgane sind umgestaltete, vom Ätherleib ergriffene Sinnesorgane.

Wenn Sie den Körper der Sonne vergleichen mit dem Saturn, so finden Sie einen gewissen Unterschied. Der Saturn war noch wie eine spiegelnde Oberfläche; er strahlte zurück alles, was er empfing an Geschmack, Geruch, alle Sinneswahrnehmungen. Nicht so war es bei der Sonne. Während der Saturn alles direkt zurückstrahlte, ohne sich dessen zu bemächtigen, durchdrang die Sonne sich damit und strahlte es erst dann zurück. Das kam daher, weil sie einen Ätherleib hatte. Ihr Leib, der vom Ätherleib durchsetzt war, machte es so, wie es heute die Pflanze mit dem Sonnenlicht macht: sie nimmt das Sonnenlicht auf, sie durchdringt sich damit und gibt es dann zurück. Stellt man sie an irgendeinen dunklen Ort, dann verliert sie die Farbe und wird welk. Ohne Licht wäre kein grüner Farbstoff. So war es mit Ihrem eigenen Leibe auf der Sonne: er durchdrang sich mit Licht, aber auch mit anderen Ingredienzien, und so wie die Pflanze zurückschickt das Licht, nachdem sie sich daran gekräftigt hat, so strahlte einstmals die Sonne das Licht zurück, nachdem sie es in sich verarbeitet hatte. Aber nicht nur mit dem Licht, sondern auch mit Geschmack, Geruch, Wärme, mit allem durchdrang sie sich und strahlte es wieder heraus.

Daher war auch Ihr eigener Leib auf der Sonne in dem Zustand der Pflanzenheit. Er schaute nicht so aus wie eine Pflanze im heutigen Sinne, denn diese hat sich erst auf der Erde gebildet. Das, was Sie heute im Innern tragen, die Drüsen, die Organe, die man Wachstums- und Fortpflanzungsorgane nennt, die waren auf der Sonne, wie heute Berge und Felsen auf der Erde sind. Daran arbeiteten Sie, wie man heute ein Gärtchen pflegt und bearbeitet. Die Sonne strahlte die Ingredienzien des Weltenraumes zurück. Sie glänzte in den herrlichsten Farben. Ein wunderbares Tönen ging hinaus, ein köstliches Aroma strömte aus von ihr. Die alte Sonne war ein wunderbares Wesen im Weltenraum. So arbeiteten die Menschen dazumal auf der Sonne an ihrer eigenen Körperlichkeit, wie gewisse Wesen, zum Beispiel Korallen, von außen an ihrem Bau arbeiten. Das geschah unter der Leitung höherer Wesen, denn es gab höhere Wesenheiten in der Atmosphäre der Sonne.

Mit einer Kategorie derselben müssen wir uns besonders befassen, die damals auf der Stufe stand wie die Menschen heute. Auf dem Saturn haben wir die Geister des Egoismus, die den Freiheits- und den Selbständigkeitssinn einpflanzten und auf der Menschenstufe standen. Auf der Sonne waren es andere Wesenheiten, die nicht das Ich, sondern den Astralleib als unterstes Glied hatten. Sie bestanden aus Astralleib, Ich, Geistselbst, Lebensgeist und Geistesmensch und dem achten Glied, dem, was die christliche Esoterik Heiliger Geist nennt, und endlich als neuntem Gliede dem Sohne, dem «Wort» im Sinne des Johannes-Evangeliums. Das zehnte Glied hatten sie noch nicht; dafür hatten sie unten angesetzt den Astralleib. Das waren die Geister, die sich auf der Sonne betätigten; sie leiteten alle astrale Arbeit. Sie unterscheiden sich von dem heutigen Menschen dadurch, daß der Mensch Luft atmet, weil Luft in der Umgebung der Erde ist, jene Geister aber Wärme oder Feuer.

Die Sonne war selbst eine Art von Luftmasse. Das, was sie umgab, war jene Stofflichkeit, die früher den Saturn selbst gebildet hatte: das Feuer, die Wärme. Der Teil, der sich verdichtet hatte, hatte die gasförmige Sonne gebildet, und was sich nicht verdichten konnte, war ein wogendes Feuermeer. Diese Wesenheiten konnten also auf der Sonne so leben, daß sie Wärme, Feuer ein- und ausatmeten. Daher nennt man diese Geister die Feuergeister. Sie standen auf der Sonne auf der Stufe der Menschheit, und sie arbeiteten in dem Dienst der Menschheit. Sonnen- oder Feuergeister nennt man diese Wesenheiten. Der Mensch war damals auf der Stufe des Schlafbewußtseins. Diese Sonnen-Feuergeister hatten schon das Ich-Bewußtsein. Sie haben sich seither auch weiterentwickelt und höhere Bewußtseinsstufen erstiegen. Man nennt sie in der christlichen Esoterik Erzengel. Und der am höchsten entwickelte Geist, der auf der Sonne war als Feuergeist, der sich heute noch auf der Erde betätigt, mit höchstentwickeltem Bewußtsein, dieser Sonnen- oder Feuergeist, das ist der Christus, ebenso wie der höchstentwickelte Saturngeist der Vatergott ist. Für die christliche Esoterik war daher in dem fleischlichen Leibe des Christus Jesus ein solcher Sonnen-Feuergeist verkörpert, und zwar der höchste, der Regent der Sonnengeister. Damit er auf die Erde kommen konnte, mußte er einen physischen Leib benutzen. Er mußte unter denselben irdischen Bedingungen stehen wie der Mensch, um sich hier betätigen zu können.

So haben wir es zu tun auf der Sonne mit einem Sonnenleib, gleichsam mit einem Leibe des Sonnenplaneten, mit Ich-Geistern, die Feuergeister sind, und mit einem Regenten dieser Sonne, dem höchstent-wickelten Sonnengeist, dem Christus. Während die Erde Sonne war, war dieser Geist der Zentralgeist der Sonne. Als die Erde Mond war, war er höherentwickelt, aber er verblieb bei dem Mond. Als die Erde Erde ward, war er höchstentwickelt und verblieb bei der Erde, nach-dem er sich mit ihr nach dem Mysterium von Golgatha vereinigt hatte. Er bildet so den höchsten planetarischen Geist der Erde. Die Erde ist sein Leib heute, wie dazumal die Sonne sein Leib war. Daher müssen Sie das Johannes-Wort wörtlich nehmen: «Wer mein Brot isset, der tritt mich mit Füßen.» Denn die Erde ist der Leib Christi, und wenn die Menschen, die das Brot essen, das dem Leibe der Erde entnommen ist, auf der Erde gehen, so treten sie mit Füßen den Leib des Christus. Nehmen Sie dieses Wort ganz wörtlich, wie überhaupt alle religiösen Urkunden wörtlich genommen werden müssen. Nur muß man erst den Buchstaben in seiner wahren Bedeutung kennen und dann den Geist suchen.

Nun noch eins: Innerhalb dieser Sonnenmasse kamen nicht alle We-sen zu der Entwickelungsstufe, von der ich Ihnen gesprochen habe. Manche blieben zurück auf der Stufe des Saturndaseins. Sie konnten das, was in den Weltenraum hineinstrahlte, nicht in sich aufnehmen und nach der Aufnahme zurückschicken. Sie mußten es direkt zurück-schicken, sie konnten sich nicht damit durchdringen. Diese Wesenheiten erschienen deshalb auf der Sonne als eine Art von dunklen Eingliede-rungen, als etwas, was nicht Eigenlicht aussenden konnte. Und weil sie in der Sonnenmasse eingeschlossen waren, umgeben von einer Eigenlicht aussendenden Masse, wirkten sie wie dunkle Stellen. Wir müssen daher unterscheiden solche Sonnenstellen, die das, was sie empfangen hatten, in den Weltenraum hinausstrahlten, und solche, die nichts hinausstrah-len konnten. So wirkten sie wie dunkle Einschiebsel innerhalb der Son-nenmasse; sie hatten auf dem Saturn nichts hinzugelernt. Ebenso, wie Sie im menschlichen Leibe auch nicht überall Drüsen und Wachstums-organe finden, sondern er durchsetzt ist von Totem, Eingegliedertem, ebenso war die Sonne durchsetzt von diesen dunklen Einschiebseln.

Unsere heutige Sonne ist der Nachkomme der alten Erdensonnen-masse. Sie hat herausgeworfen den Mond und die Erde und hat das

Vortrefflichste zurückbehalten. Dasjenige, was in der damaligen Sonnenmasse vorhanden war als Reste vom Saturn, hat seine Rudimente in der heutigen Sonne in den sogenannten Sonnenflecken. Sie sind die letzten Rudimente des Saturn, die als dunkle Einschiebsel in der leuchtenden Sonnenmasse verblieben. Unsere okkulte Weisheit deckt die verborgenen geistigen Quellen der physischen Tatsachen auf. Die physische Wissenschaft konstatiert die physischen Ursachen der Sonnenflecken durch ihre Astronomie und Astrophysik; die geistigen Ursachen aber liegen in jenen zurückgebliebenen Rückständen des Saturn.

Wir fragen uns jetzt: Welche Reiche hat es gegeben auf dem Saturn? – Nur ein Reich, dessen letzte Rudimente in dem jetzigen Mineral erhalten sind. Wenn wir von dem Durchgang des Menschen durch das Mineralreich sprechen, dürfen wir nicht an das heutige Mineral denken. Sie müssen vielmehr die letzten Nachkommen des Saturnminerals in Ihren Augen, Ohren und Ihren anderen Sinnesorganen sehen. Das ist das Physischste, das Mineralischste an Ihnen. Der Apparat des Auges ist wie ein physikalisches Instrument und bleibt auch eine Zeitlang nach dem Tode unverändert.

Das eine Reich des Saturn rückt auf der Sonne zu einer Art von Pflanzendasein auf. Der eigene Leib der Menschen wächst uns da entgegen wie eine Pflanze. Was als Saturnreich zurückgeblieben war, war eine Art Mineralreich der Sonne. Das hatte die Gestalt von verkümmerten Sinnesorganen, die ihren Zweck nicht erreichen konnten. Aber alle diese Wesenheiten auf der Sonne, die werdende Menschenleiber waren, hatten noch nicht in sich ein Nervensystem; das wurde erst auf dem Monde eingegliedert vom astralischen Leibe. Auch die Pflanzen haben kein Nervensystem und daher keine Empfindung. Es ist ein Mißverständnis, wenn man ihnen Empfindung zuschreibt.

Aber diese Astralleiber, namentlich diejenigen, die von den Feuergeistern ausgingen, sandten eine Art von Strömung hinein in die Körperlichkeit, die da unten war als physische und ätherische Leiber. Diese Lichtströmungen verteilten sich baumartig. Die letzten Rudimente dieser Einströmungen auf der Sonne, die sich später verdickten und äußerliche Form erhalten haben, sind das Organ, das man das Sonnengeflecht nennt. Es ist der letzte verdichtete Nachklang alter, zur Substantialität verdichteter Einstrahlungen auf der Sonne. Daher der Name Plexus solaris, Sonnengeflecht. Sie müssen sich die Leiber, die Sie auf der Sonne gehabt haben, so vorstellen, wie wenn von oben Strahlen in sie hineindringen würden, die sich baumförmig verflechten. So stellt sich die Sonne dar in den zahlreichen Verästelungen, die in Ihrem Sonnengeflecht sind. Diese Verästelungen werden in der germanischen Mythologie in der Weltenesche dargestellt, die freilich auch noch manches andere bedeutet.

Dann ging die Sonne in den Schlafzustand über und wandelte sich in das, was wir im okkulten Sinne den Mond nennen. Wir haben es darin mit einer dritten Verkörperung der Erde zu tun, die uns wiederum einen regierenden Zentralgeist darstellen wird. Wie uns der höchste Regent des Saturn, der Ich-Geist, als Vatergott erscheint, der höchste Regent, der höchste Gott der Sonne, der Sonnengott, als Christus, so wird uns der Regent der Mondengestalt der Erde als Heiliger Geist mit seinen Scharen erscheinen, die in der christlichen Esoterik die Boten der Gottheit, die Engel, genannt werden.

So haben wir zwei Schöpfungstage absolviert, die man in der esoterischen Sprache Dies Saturni und Dies Solis nennt. Dazu kommt: Dies Lunae, der Mond-Tag. Immer hat man das Bewußtsein gehabt, daß man es mit einer leitenden Gottheit des Saturn, der Sonne und des Mondes zu tun gehabt hat.

Das Wort «Dies» = Tag und «Deus» = Gott hat denselben Ursprung, so daß ebensogut «Dies» mit «Tag» wie mit «Gottheit» übersetzt werden kann. Man kann also ebensogut sagen für «Dies Solis» Sonnentag wie Sonnengott und meint damit zu gleicher Zeit Christus-Geist.

# ZEHNTER VORTRAG
München, 3. Juni 1907

Wir haben gestern von den verschiedenen Verkörperungen unseres Planeten gesprochen, über die Saturn- und über die Sonnenverkörperung, und wir wollen uns nur kurz ins Gedächtnis zurückrufen, daß auf diesem Sonnenplaneten, dem Vorgänger unseres Erdenplaneten, der Mensch bis zu demjenigen Punkte ausgebildet war, daß er einen physischen und einen Ätherleib hatte, daß er also aufgestiegen war zu einer Art von Pflanzendasein. Ich habe Ihnen auch erzählt, wie verschieden allerdings dieses Pflanzendasein von dem war, was Sie heute in der Pflanzenwelt Ihrer Umgebung kennen. Wir werden sehen, daß die Pflanzen, die Sie heute umgeben, erst auf unserem Erdenplaneten entstanden sind. Wir haben auch beschrieben in einer gewissen Weise, wie dadurch, daß diese Menschenvorfahren der Sonne einen Ätherleib hatten, sie im physischen Leibe hauptsächlich diejenigen Organe zum Ausdruck brachten, die wir jetzt als Drüsenorgane, als Organe des Wachstums, der Fortpflanzung und der Ernährung kennen. Das alles war auf der Sonne zu sehen wie auf unserer Erde Felsen, Steine und Pflanzen. Daneben gab es ein Reich, das wir als zurückgebliebenes Saturnreich bezeichnen können, das die Anlagen zum späteren Mineral enthielt. Also nicht Mineral, wie wir es heute kennen, davon kann auf diesem Sonnenkörper nicht die Rede sein, aber Körper, die sich sozusagen nicht die Fähigkeit erworben hatten, einen Ätherleib in sich aufzunehmen und die dadurch in gewisser Beziehung auf der mineralischen Stufe zurückgeblieben waren, die der Mensch vorher auf dem Saturn durchgemacht hatte. Wir müssen also von zwei Reichen sprechen, die sich auf der Sonne gebildet haben. Man hat sich in der theosophischen Literatur daran gewöhnt, davon zu sprechen, daß der Mensch durchgegangen sei durch das Mineralreich, durch das Pflanzenreich und durch das Tierreich. Sie sehen, das ist eine ungenaue Ausdrucksweise. Dieses Mineralreich auf dem Saturn war ganz anders gestaltet. Es waren in den Gestalten desselben die ersten Keime, die Vorboten unserer Sinnesorgane vorgezeichnet. Ebenso war auf der Sonne nicht ein Pflanzenreich wie das heutige, sondern es war pflanzlicher Natur alles das, was heute in dem Menschen als Organe des Wachstums lebt, namentlich alle Drüsenorgane. Pflanzlich waren sie, weil sie vom Ätherleib durchzogen waren.

Nun müssen wir uns vorstellen, daß dieser Sonnenzustand durchgegangen ist durch eine Art von Schlafzustand, durch eine Verdunkelung, eine Latenz. Sie dürfen sich aber nicht vorstellen, daß der Durchgang eines Planeten durch einen solchen Schlafzustand etwa ein Durchgehen durch die Tatenlosigkeit wäre, ein Zustand der Nichtigkeit. Das ist er ebensowenig wie der Devachanzustand des Menschen. Das menschliche Devachan ist kein Zustand der Tatenlosigkeit. Wir haben vielmehr gesehen, wie der Mensch dort in fortwährender Tätigkeit sich befindet und an der Entwickelung unserer Erde in wichtigster Weise mitarbeitet. Nur für das gegenwärtige Bewußtsein des Menschen ist dieser Zustand eine Art von Schlafzustand. Für ein anderes Bewußtsein stellt er sich aber als ein viel tätigerer wirklicher Zustand dar. Es sind alle diese Durchgänge ein Gehen durch himmlische, höhere Zustände, worin Wichtiges für die Planeten vorgeht. Man nennt sie in der theosophischen Ausdrucksweise «Pralaya».

Wir wollen uns nun vorstellen, wie die Sonne durch einen solchen Zustand gegangen ist und wie sich aus der Sonne das entwickelt hat, was man im Okkultismus den dritten Zustand unserer Erde, den Mond, nennt. Wenn wir diesem Vorgange hätten zuschauen können, so hätte sich uns etwa folgendes dargestellt. Wir hätten im Laufe von Millionen von Jahren das Sonnendasein sich verändern und dahinschwinden sehen und nach weiteren Millionen von Jahren wieder aufleuchten nach einem Dämmerungszustand. Das ist der Beginn des Mondenkreislaufs.

In der ersten Zeit, als die Sonne wieder aufleuchtete, war von einer Trennung zwischen Sonne und Mond nicht die Rede; sie waren noch beisammen wie im Sonnenzeitalter. Und dann geschah zunächst, was man eine Wiederholung der früheren Zustände nennt. Auf einer gewissen höheren Stufe wiederholte sich, was auf dem Saturn und der Sonne geschehen war. Dann trat eine merkwürdige Veränderung in dem Zustande dieser wieder hervorgetretenen Sonne ein: es ballte sich der Mond von der Sonne ab. Zwei Planeten oder vielmehr ein Fixstern und ein Planet entstanden aus dem alten Sonnensystem heraus. Es bildete sich eine größere und eine kleinere Masse, Sonne und Mond. Der Mond, von dem wir jetzt sprechen, enthielt nicht nur, was der heutige Mond enthält, sondern vielmehr alles das, was die heutige Erde und der Mond an verschiedenen Substanzen und Wesenheiten enthalten. Wenn Sie das alles zusammenrühren würden, dann hätten Sie jenen Mond, von dem wir sprechen und der sich damals von der Sonne abgerissen hat.

Die Sonne wurde dadurch ein Fixstern, daß sie die besten Stoffe zugleich mit den geistigen Wesenheiten herauszog. Dadurch avancierte sie zum Fixstern. Als sie noch Planetensonne war, hatte sie ja das alles noch in sich. Weil sie aber jetzt alles das abgab an einen selbständigen Planeten, was die Wesen an ihrer Höherentwickelung verhindert hätte, wurde sie ein Fixstern. Und wir haben jetzt das kosmische Schauspiel vor uns, daß wir einen höhergebildeten Körper als Fixstern haben, und um diesen herum im Raume sich bewegend einen Planeten, der weniger wertvoll ist, der Mond, das heißt heutiger Mond und heutige Erde in einem.

Diese Bewegung des Mondes um die Sonne war eine ganz andere, als es die Bewegung der heutigen Erde ist. Wenn Sie diese verfolgen, können Sie zwei Bewegungen unterscheiden. Erstens dreht sich die Erde um die Sonne und zweitens um sich selbst. Durch diese letztere Bewegung, die im Jahre sich ungefähr 365 mal vollzieht, entsteht, wie Sie wissen, Tag und Nacht, durch die erstere entstehen die vier Jahreszeiten. So war es aber auf dem alten Monde nicht. Dieser Mond war in gewisser Beziehung ein höflicherer Körper zu seiner Sonne, als es unsere Erde ist, denn er bewegte sich immer so um die Sonne herum, daß er ihr stets dieselbe Seite zukehrte. Er kehrte ihr niemals die Rückseite zu. Er drehte sich während eines Rundganges um die Sonne nur einmal um sich selbst. Solch eine andersartige Bewegung aber hat eine große Wirkung auf die Wesen, die sich auf dem Planeten entwickeln.

Nun will ich Ihnen diesen Mondplaneten selbst beschreiben. Da muß ich vor allen Dingen sagen, daß der Mensch selbst wiederum ein Stück weitergekommen war als auf der Sonne und dem Saturn. Er war jetzt so weit, daß er nicht nur aus physischem und Ätherleib bestand, sondern daß auch noch der Astralleib dazukam. Wir haben also jetzt einen

Menschen, der aus physischem Leib, Ätherleib und Astralleib sich zusammensetzte, der aber noch kein Ich hatte. Die Folge davon war, daß gerade dieser Mensch des Mondes aufrückte zu jenem dritten Bewußtseinszustande, den wir beschrieben haben, zu dem Bilderbewußtsein, dessen letztes Rudiment wir im Traumbilderbewußtsein des heutigen Menschen haben. Dadurch nun, daß dieser astralische Leib sich den anderen Leibern eingliederte, gingen an diesen, namentlich am physischen Leibe, Veränderungen vor. Wir haben gesehen, wie auf der Sonne als Höchstes im physischen Leibe die Drüsenorgane waren, wie bestimmte Stellen durchzogen wurden von Strahlungen, die sich später verhärtet haben zum heutigen Sonnengeflecht. Durch die Arbeit des Astralleibes an dem physischen Leib auf dem Monde entstanden die ersten Anfänge des Nervensystems. Da gliederten sich die Nerven ein, die Sie heute noch in ähnlicher Weise in den Nerven des Rückenmarks haben.

Nun bedenken Sie das eine: Der Mensch hatte noch kein selbständiges Ich, nur die drei genannten Leiber waren da. Dieses menschliche Ich war geradeso in der Atmosphäre in der Umgebung des Mondes, wie früher der Ätherleib auf dem Saturn und der Astralleib auf der Sonne, und von dort aus arbeitete dieses Ich, eingebettet in die göttliche Grundsubstanz, an dem physischen Leibe. Wenn wir nun bedenken, daß damals das Ich noch arbeitete als ein Genosse von göttlichen Wesenheiten, daß es sozusagen noch nicht herausgegliedert, noch nicht herausgefallen war aus dieser göttlich-geistigen Wesenheit, so sehen wir, daß das Ich auf seinem Gang zum Erdendasein in gewisser Weise eine Art von Verschlechterung und in gewisser Weise auch eine Verbesserung erfahren hat. Eine Verbesserung dadurch, daß das Ich selbständig geworden ist, eine Verschlechterung aber dadurch, daß es nun allem Zweifel, allen Irrtümern, allem Bösen und Schlechten ausgesetzt worden ist.

Aus der göttlich-geistigen Substanz heraus arbeiteten die Iche. Wenn heute ein Ich vom astralischen Plan herunterarbeitet auf den physischen Plan, ist es eine Gruppenseele der Tiere. Ähnlich wie diese Gruppenseelen heute hineinarbeiten in die Tiere, so arbeitete damals das menschliche Ich von außen hinein in die drei Leiber. Nur konnte es höhere Körper erzeugen als den des heutigen Tieres, weil es aus der göttlichen Substanz heraus wirkte. Es gab auf dem Monde Lebewesen, die durch ihr Aussehen, durch alles, was sie waren, höher standen als heute die höchsten Affen, aber nicht so hoch wie der heutige Mensch. Es gab ein Zwischenreich zwischen dem heutigen Menschen und dem Tierreich. Dann gab es noch zwei weitere Reiche, die beide zurückgeblieben waren: ein solches, welches gewissermaßen nicht fähig geworden war, von der Sonne her den Astralleib aufzunehmen, das also auf der Stufe stehengeblieben war, auf der die Drüsenorgane auf der Sonne waren. Dieses zweite Reich auf dem Monde stand zwischen den heutigen Tieren und heutigen Pflanzen mitten darin, es war eine Art Pflanzentier. Es gibt heute auf der Erde keine ähnlichen Wesen unmittelbar, wir können nur noch Rudimente davon erkennen. Es gab noch ein drittes Reich, das sich schon auf der Sonne den Saturnzustand bewahrt hatte; es stand mitten darin zwischen Mineral und Pflanzen. So haben wir also auf dem Monde drei Reiche: Pflanzenmineral, Tierpflanze und Menschentier.

Das, was heute Mineralien sind, auf denen Sie herumgehen, das gab es auf dem Monde noch nicht. Was wir Felsen, Ackerkrume und Humussubstanz nennen, gab es damals noch nicht. Das niedrigste Reich stand zwischen Pflanze und Mineral. Aus diesem Reiche bestand die ganze Substanz des Mondes. Die Mondenoberfläche glich etwa einem heutigen Torfboden, wo Pflanzen eben daran sind, eine Art Pflanzenbrei zu bilden. Die Mondenwesen gingen herum auf einer breiigen Pflanzenmineralmasse. Durch gewisse Zeiten seiner Entwickelung war der Mond so. Man kann es auch mit einem Kochsalat vergleichen. Felsen gab es im heutigen Sinne nicht. Das Höchste, was es gab, waren gewisse Eingliederungen, die Sie vergleichen können mit der Masse, die das Holz oder die Borke bestimmter Bäume bildet. Die Mondenberge bestanden aus solchen Verholzungen, solchen Holzmassen von verholztem Pflanzenbrei. Es war wie eine Art dürr gewordener alter Pflanze. Hierin bereitete sich das Mineralreich vor. Darauf wuchsen diese Pflanzentiere. Sie konnten keine selbständige Bewegung machen, sie waren festgebannt an den Boden, wie heute die Korallen.

In unseren Mythen und Sagen, in denen von Eingeweihten gegebene tiefe Weisheit liegt, ist uns eine Erinnerung daran erhalten, und zwar in der Mythe vom Tode des Baldur. Der germanische Sonnen- oder Lichtgott hatte einstmals einen Traum, in dem ihm sein baldiger Tod verkündet wurde. Das machte die Götter, die Asen, die ihn liebten, sehr traurig. Sie sannen auf Mittel, ihn zu retten. Die Göttermutter Frigg nahm allen Wesen der Erde schwere Eide ab, daß keines den Baldur jemals töten würde. Alle schworen, und so schien es unmöglich, daß Baldur je dem Tode verfallen könne. Einst spielten die Götter und warfen während des Spiels mit allen möglichen Dingen nach Baldur, ohne ihn zu verwunden; sie wußten, daß er unverwundbar sei. Loki aber, der Gegner der Asen, der Gott der Finsternis, sann darauf, Baldur zu töten. Da hörte er von der Frigg, daß sie allen Wesen Eide abgenommen hätte, Baldur nicht zu töten. Nur ganz draußen, da war eine Pflanze, die Mistel, die war unschädlich, der hatte sie keinen Eid abgenommen, und das verriet sie ihm. Der listige Loki nahm die Mistel und brachte sie dem blinden Gotte Hödur, der, unwissend, was er tat, mit der Mistel den Baldur tötete. So erfüllte sich der böse Traum durch die Mistel. Sie spielte immer im Volksgebrauch eine bestimmte Rolle. Etwas Unheimliches, Geisterhaftes drückte sich durch sie aus. Was in den alten Drotten- und Druidenmysterien gelehrt wurde über die Mistel, ist als Sage und Brauch ins Volk übergegangen.

Die zugrunde liegende Wahrheit ist: Auf dem Monde gab es diesen Mineralpflanzenbrei. Darauf wuchsen die Pflanzentiere des Mondes. Es gab nun solche, die sich weiterentwickelten und auf der Erde höhere Zustände erreichten, andere aber waren zurückgeblieben auf der Mondenstufe, und als die Erde entstand, konnten sie nur verkümmerte Gestalt annehmen. Sie mußten die Gewohnheit, die sie auf dem Monde hatten, beibehalten. Sie konnten nur auf pflanzlicher Grundlage, als Schmarotzer, als Parasiten auf der Erde leben. So lebt die Mistel auf anderen Bäumen, weil sie ein zurückgebliebener Rest der alten Pflanzentiere des Mondes ist.

Baldur war der Ausdruck dessen, was sich weiterentwickelt, was auf der Erde Licht bringt; Loki dagegen, der Repräsentant der finsteren Gewalten, des Zurückgebliebenen, er haßt das Fortgeschrittene, das, was sich weiterentwickelt hat. Daher ist Loki der Gegner des Baldur. Alle Erdenwesen waren unfähig, gegen Baldur, den Gott, der der Erde

Licht gab, etwas zu unternehmen, denn sie waren seinesgleichen, sie hatten die Entwickelung mitgemacht. Nur das auf der Mondenstufe Zurückgebliebene, was sich mit dem alten Gott der Finsternis verbunden fühlte, das allein war fähig, den Lichtgott zu töten. Die Mistel ist auch ein bestimmtes Heilmittel, wie überhaupt Gifte Heilmittel sind. So finden wir tief auf dem Grunde der alten Volkssagen und Gebräuche kosmische Weisheiten.

Nun erinnern Sie sich der Wesenheiten, die auf dem Saturn als äußersten Leib das Ich hatten, und daß es auf der Sonne solche gab, die als äußersten Leib den Astralleib hatten. Auf dem Monde gab es Wesenheiten, deren äußerster Leib der Ätherleib war. Sie bestanden aus Ätherleib, Astralleib, Ich, Geistselbst, Lebensgeist, Geistesmensch und aus einem Gliede darüber, dem achten, von dem wir heute beim Menschen noch nicht reden können, dem Heiligen Geist. Wir hätten sie nur in ihrem Ätherleibe sehen können als gespensterhafte Wesenheiten. Sie hatten damals den Entwickelungswert wie heute der Mensch. Die christliche Esoterik nennt sie Engel. Es sind Wesen, die heute unmittelbar über dem Menschen stehen, weil sie sich hinaufentwickelt haben bis zur Stufe des Heiligen Geistes. Man nennt sie auch Geister des Zwielichts oder lunarische Pitri.

Die Geister der Ichheit hatten auf dem Saturn als Anführer eine Wesenheit, die man den Vatergott nennt. Die Geister des Feuers hatten auf der Sonne als Anführer den Christus, im Sinne des Johannes-Evangeliums den Logos. Auf dem Monde war der Anführer der Geister des Zwielichts dasselbe, was im Christentum der Heilige Geist ist. Jene Wesen, die auf dem Monde ihre Menschheit durchgemacht hatten, hatten nicht nötig, hier auf der Erde bis zu der Gestalt des physischen Leibes hinabzusteigen.

Die planetarischen Bildungen sind immer dichter und dichter geworden. Der alte Saturn hatte in seinem dichtesten Zustande nur den Zustand des Wärmestoffes. Der Sonnenzustand hatte als dichtesten Zustand dasselbe, was wir heute in den Gasen, der Luft sehen. Allerdings müssen Sie sich diese Substanzen etwas dichter vorstellen, als der heutige Wärmestoff und die Gase sind. Und auf der Mondenstufe haben sich die gasigen Substanzen der Sonne so verdichtet, daß sie diese breiartige, dichtwässerige, quellende Masse ergaben, aus der alle diese Wesen, auch die höchsten, die Tiermenschen auf dem Monde, bestanden. Wenn Sie sich das Weiße eines Hühnereies etwas dichter denken, so haben Sie ungefähr diese Substanz, und in diese Substanz des Menschen wurde das Nervensystem eingegliedert.

Umgeben war dieser Mond von einer Art Atmosphäre, die ganz anders gestaltet war als die Erdenatmosphäre. Den Charakter dieser Substanz erkennen wir, wenn wir an eine Stelle in Goethes «Faust» denken: es ist da, wo Mephistopheles mit Faust auf dem Mantel sich in die Höhe heben will. Da will er Feuerluft machen; das würde Luft sein, in der wässerige Substanzen nebelhaft aufgelöst sind. Diese von wässerigen Substanzen durchzogene Luft — man nennt sie Feuerluft, auch Feuernebel — atmeten die Wesen auf dem Monde. Sie hatten keine Lunge, auch die höchsten Wesen, sie atmeten durch eine Art von Kiemen wie heute die Fische.

Diese Feuerluft, in der hebräischen Tradition «Ruach» genannt, kann tatsächlich in einer gewissen Weise dargestellt werden. Diese Ruach ist den heutigen Menschen verlorengegangen, die alten Alchemisten aber konnten die Bedingungen dafür herstellen; sie konnten dadurch Elementarwesen zu ihren Dienern machen. Dieser Feuernebel war also in den alchemistischen Zeiten etwas durchaus Bekanntes, und je weiter wir zurückgehen, desto mehr hatten die Menschen die Möglichkeit, ihn herzustellen. Diesen Feuernebel atmeten unsere Vorfahren auf dem Monde. Er hat sich weiterentwickelt und hat sich differenziert in die heutige Luft und in das, was sonst auf der Erde unter der Einwirkung des Feuers entstanden ist.

Die rauchartige, dampfartige Mondenatmosphäre, die einen gewissen Hitzegrad hatte, war durchzogen, zu gewissen Zeiten mehr, zu gewissen Zeiten weniger, von Strömungen, die sozusagen wie Stränge von der Luft herunterhingen, sich in die Menschenkörper hineinsenkten und sie durchdrangen. Ganz ähnlich hing der Menschenleib auf dem Monde an einer Art von Strang, der sich hinausdehnte in die Atmosphäre, wie heute das Kind im mütterlichen Leibe an der Nabelschnur hängt. Es war wie ein kosmischer Nabelstrang; und aus dieser Feuerluft kamen Stoffe in die Leiber, die sich vergleichen lassen mit dem, was heute der

Mensch selbst erzeugt, mit dem Blut. Das Ich war aber außerhalb des Menschen und sandte durch diese Stränge etwas, was blutähnlich war, in die Körper, und diese Substanz strömte in sie aus und ein. Die Wesen berührten niemals die Mondenoberfläche; sie umschwebten, sie umkreisten dieselbe, wie wenn sie schwebend flössen. So wie die heutigen Wassertiere im Wasser sich bewegen, so bewegten sich diese Mondenmenschentiere. Es war die Arbeit der Engel, der Geister des Zwielichts, daß sie diese Blutsäfte einfließen ließen in die Menschen.

Diese ganz anderen Verhältnisse hatten anderes zur Folge. Auf dem Monde fing eine Art Blutsystem an. Vom Kosmos strömte eine blutartige Substanz ein und aus, so wie heute die Luft in den Körper, und da entstand auch bei diesen Mondentiermenschen eine Fähigkeit, die nur mit dem Blute auftritt. Es war das erste Erklingen innerer Töne für seelische Erlebnisse. Erst wenn der Astralleib in den Wesen ist, tritt Empfindung auf, und diese Empfindung konnten sie ausleben in Tönen, und zwar auf eine merkwürdige Art. Es waren keine wirklich erzeugten Töne, sie hätten ihren Schmerz nicht hinausschreien können, es war keine Selbständigkeit des Schreiens, des Laut-Hervorbringens, sondern es traf zusammen mit bestimmten Erlebnissen. Zu bestimmten Jahreszeiten auf dem Monde geschah, was man nennen könnte eine Entwickelung des Fortpflanzungstriebes, und die inneren Erlebnisse, die diese Wesen dabei hatten, die konnten sie heraustönen; sonst schwiegen sie. In einer bestimmten Stellung des Mondes zur Sonne, in einer gewissen Jahreszeit, tönte heraus der alte Mond in den Kosmos. Die Wesen auf ihm schrieen ihren Trieb in die Welt hinaus. Rudimente davon haben wir in dem Schreien gewisser Tiere, zum Beispiel des Hirsches, erhalten. Das Schreien war mehr der Niederschlag allgemeiner Vorgänge, nicht individueller Erlebnisse, die willkürlich ausgedrückt sind. Ein kosmisches Ereignis fand darin seinen Ausdruck.

Wir müssen dies alles nur als annähernde Schilderungen auffassen, denn wir sind an Worte gebunden, die für Dinge, welche sich erst in unserer Erdenzeit verwirklicht haben, geprägt sind. Wir müßten erst eine Sprache erfinden, wenn wir das ausdrücken wollten, was das Auge des Sehers sieht. Trotzdem sind diese Schilderungen wichtig, denn sie sind der erste Weg, um zur Wahrheit zu kommen. Nur durch das Bild, die Imagination, finden wir den Weg zur Anschauung. Wir sollen uns keine abstrakten Begriffe, kein Schema machen, keine Vibrationen aufzeichnen, sondern Bilder in uns selbst entstehen lassen; das ist der direkte Weg, die erste Stufe der Erkenntnis. Denn so wahr es ist, daß der Mensch schon dazumal mit seinen Kräften dabei war, so wahr ist es, daß, wenn er sich heute Vorstellungen macht, diese ihn wieder zurücklenken zu den Zuständen, in denen er damals war.

Nachdem alle Wesenheiten auf dem Monde ihre Entwickelung durchgemacht hatten und zu höheren Stufen aufschreiten konnten, kam die Zeit, wo sich Mond und Sonne wieder vereinigten, in einen Leib zurückfielen und so ins Pralaya traten. Nachdem sie dann zusammen diesen Zustand der Latenz durchgemacht hatten, glänzte ein neues Dasein auf: die erste Vorverkündigung unseres Erdendaseins. Jetzt wiederholten sich kurz die ersten drei Zustände auf höherer Stufe, zuerst das Saturndasein, dann das Sonnendasein, und dann spaltete sich der Mond neuerdings ab und umkreiste den übrigen Körper. Aber dieser Mond hatte die Erde noch in sich.

Nun kommt eine weitere hochwichtige Veränderung. Alles, was Erde ist, wirft den heutigen Mond aus sich heraus. Das sind die schlechtesten Stoffe und Wesenheiten, das Unbrauchbare; das ist in dem heutigen Monde enthalten. Alles das, was als quellend-wässerige Substanz auf dem alten Monde war, ist auf dem heutigen Monde vereist — das kann man physisch nachweisen —, und das, was fortentwicklungsfähig war, blieb als Erde zurück. Die Höherentwickelung geschieht auf der Erde durch die Trennung der alten Sonne in diese drei Körper: Sonne, Mond und Erde. Diese Trennung fand statt vor vielen Tausenden von Jahren, zur alten lemurischen Zeit. Und da sind aus jenen alten Mondenwesen, die als Pflanzenmineral, Pflanzentiere und Tiermenschen geschildert wurden, das heutige Mineral, die heutige Pflanze, das heutige Tier und der Mensch entstanden, der fähig geworden ist, das Ich in sich aufzunehmen, das früher ihn umschwebte und mit der Gottheit vereinigt war. Die Vereinigung des Ich mit dem Menschen fand statt nach der Trennung von Sonne, Mond und Erde, und von diesem Zeitpunkte an ist der Mensch fähig geworden, das rote Blut in sich selbst zu entwickeln und hinaufzusteigen zu seiner heutigen Stufe.

# ELFTER VORTRAG

München, 4. Juni 1907

Wir sind in unserer Betrachtung bis zu dem Punkte gekommen, wo die Erde ihren sogenannten Mondenzustand durchgemacht hat. Wir haben auch gesehen, daß auf diesen Mondenzustand der Erde eine Art von Schlafzustand des ganzen Systems folgte. Das muß man sich natürlich so vorstellen, daß alle Wesen, die einen solchen Planeten bewohnen, diese Übergangs- und Zwischenzustände mitmachen, so daß sie in denselben andere Erlebnisse durchmachen als während des eigentlichen äußeren Entwickelungszustandes. Wir wollen uns darüber klarwerden, wie die Wesen Verschiedenes durchgemacht haben während dieses Zwischenzustandes zwischen der Mondenentwickelung der Erde und der eigentlichen Erdenentwickelung.

Wir haben gesehen, daß auf dem Monde dreierlei Wesen lebten als eine Art physischer Vorfahren unserer gegenwärtigen Naturreiche. Da lebte eine Art von Pflanzenmineralien, Tierpflanzen und Menschentieren. Der Mensch selber war auf diesem alten Monde in einem Zustande noch nicht entwickelten Ich-Bewußtseins. Zu einem Ich, das in einem Leibe wohnte, war der Mensch also noch nicht gekommen. Während des Zwischenzustandes nun geschah etwas sehr Wichtiges mit dem, wenn ich so sagen darf, geistigen Teile des Menschen.

Wenn wir uns die alte Mondenkugel richtig vergegenwärtigen, können wir sie in gewisser Beziehung als ein Wesen bezeichnen, das selbst eine Art von Leben hatte, etwa wie ein Baum, auf dem allerlei Wesen leben. Der Mond selbst war ja eine Art einheitlichen Pflanzenminerals. Seine Felsen waren ja nur eine Verhärtung von einer Art pflanzenmineralischer Masse, und seine Tierpflanzen wuchsen heraus aus dieser Masse, und das, was wir Menschentiere nennen können, kreiste herum um den Mond. Wir müssen uns zugleich klarmachen, daß alles, was das Ich-Bewußtsein war, noch mehr oder weniger in der Atmosphäre des Mondes in jenem Feuernebel lebte, daß es noch Teil, Glied war einer höheren Wesenheit, in der alle diese Iche sich befanden, die heute im Körper, durch die Haut abgetrennt voneinander, sich befinden. Also

114

solche wie heute mit einem Ich-Bewußtsein ausgestattete herumwandelnde Menschen gab es noch nicht. Dafür aber war etwas anderes viel stärker ausgebildet als auf der Erde.

Sie wissen, daß heute auf der Erde das, was man Volksseele, Rassenseele nennt, ein ziemlich abstrakter Begriff geworden ist. Heute meinen viele, das eigentlich Wirkliche sei die individuelle Seele des Menschen, die in seinem Leibe wohnt, und wenn man von deutschen, französischen, russischen Stammesseelen spricht, so betrachten das die Leute als etwas mehr oder weniger Abstraktes, als den zusammenfassenden Begriff, als die Eigenschaften, die die einzelnen Glieder dieser Völker haben. Für den Okkultisten ist das ganz und gar nicht der Fall. Für ihn ist das, was man Volksseele nennt, also deutsche, französische, russische Volksseele, etwas durchaus und absolut selbständig Existierendes. Nur ist diese Volksseele in unserem heutigen Erdendasein bloß geistig vorhanden, wahrnehmbar nur für den, der auf den Astralplan hinaufkommen kann. Dort würden Sie sie nicht ableugnen, denn dort ist sie vorhanden als wirklich lebendiges Wesen. Sie würden der Volksseele dort begegnen, wie Sie auf dem physischen Plane Ihren Freunden begegnen.

Auf dem Monde würde es Ihnen noch weniger eingefallen sein, diese Seele von Gruppen zu leugnen, denn damals hatte sie ein noch viel realeres Dasein. Das, was den Blutstrom herunterleitete in die Körper von jenen Wesen, die den Mond umkreisen, das war die Volks-, die Rassenseele. Es ist das Schicksal unseres Zeitalters, solche Wesenheiten, die auf dem Astralplan ein wirkliches Leben haben und die hier auf dem physischen Plan nicht wahrzunehmen sind, zu leugnen. Und wir sind gerade auf dem Gipfel dieser materialistischen Entwickelung, die solche Wesenheiten wie Volks- und Rassenseelen leugnen möchte.

Unter anderem ist in der letzten Zeit ein sehr charakteristisches Buch erschienen, für das große Reklame gemacht worden ist, ein Buch, das, und zwar mit Recht, als ein richtiger Ausdruck unseres abstrakten und gegenständlichen Denkens angesehen und gelobt wird, weil es wie aus der Seele des gegenwärtigen Menschen heraus geschrieben ist. Ein solches Buch mußte einmal geschrieben werden. Es leugnet alles, was man nicht mit Augen sehen und mit Händen tasten kann. Vom Standpunkte des Okkultisten aus ist dieses Buch ein skandalöses Buch, ein vorzügliches Buch jedoch vom Standpunkte der gegenwärtigen Denkungsweise. Es ist *Mauthners* «Kritik der Sprache». In diesem Buche ist gründlich aufgeräumt worden mit all den Dingen, die nicht mit Händen zu greifen sind. Ein solches Buch mußte unsere Zeit hervorbringen wie eine Art Notwendigkeit. Das soll keine Kritik sein. Das soll nur eine Bezeichnung des Gegensatzes sein zwischen der okkulten Denkweise und der modernen Zeit. In diesem Buch können Sie genau das Gegenteil aller okkulten Denkweise kennenlernen; es ist das wunderbarste Produkt einer absterbenden Kulturströmung der Gegenwart und von diesem Standpunkte aus ist es ganz vorzüglich.

Sie werden begreifen, daß auf diesem alten Monde wirklich eine Art gemeinsameres Bewußtsein vorhanden war als hier auf der Erde. Auf der Erde fühlt sich der Mensch als einzelner für sich. Das war auf dem Monde nicht der Fall. Auf dem Monde war lebendig diese Gruppenseele, die dann so verdünnt auf der Erde als Volksseele auftrat, so daß also diese ganze Mondenkugel in hohem Grade ein gemeinsames Bewußtsein hatte. Dieses gemeinsame Bewußtsein auf dem Monde empfand sich selbst als weiblich. Und nun wissen Sie, daß dieser Mond bestrahlt wurde von der Sonne. Die Sonne wurde als das Männliche empfunden. Das ist in der alten ägyptischen Mythe enthalten, zum Beispiel Mond als Isis, weiblich, Sonne als Osiris, männlich. Nur fehlte da durchaus das im Menschenleibe eingeschlossene Ich-Bewußtsein. Das war in der Atmosphäre des Mondes enthalten.

Während jenes Zwischenzustandes nun von Mond zur Erde wurde von der Atmosphäre des Mondes herein von verschiedenen Wesenheiten so gearbeitet, daß der menschliche Ätherleib und der menschliche Astralleib geeignet wurden, ein Ich-Bewußtsein aufzunehmen. Was war nun, als wieder diese Sonne aufleuchtete, in der noch Mond und Erde drinnen waren? Es waren in der Umgebung dieser jetzt neu erwachten Sonnenkugel die Wesenheiten, die heute Ihre Seelen bilden. Sie waren so darin, daß sie während des Zwischenzustandes dem Astralleib und Ätherleib eingegliedert haben das Ich-Bewußtsein. Der physische Leib hatte es noch nicht, der kam auch zunächst wieder als Menschentier heraus, so wie er auf dem Monde war. So stimmten diese beiden nicht mehr zusammen. Auf dem Monde hatten sie noch zusammengestimmt. Was sich da hineingesenkt hat in den Astral- und Ätherleib, stimmte mit dem, was unten physisch war, nicht mehr genau zusammen, und die Folge davon war, daß, ehe dieses zusammenstimmen konnte, die früheren Zustände von Saturn, Sonne und Mond wiederholt werden mußten. So haben wir drei Wiederholungen, ehe eigentlich unsere Erde auftrat.

Zunächst kam das Saturndasein heraus mit den physischen Leibern der Tiermenschen, aber in gewisser Beziehung nicht mehr so einfach, wie sie auf dem Saturn gewesen waren. Damals waren die Sinnesorgane in ihren Keimanlagen; jetzt waren schon die Drüsen- und Nervenorgane dazugekommen, aber unfähig waren sie, dasjenige, was oben war, so aufzunehmen. Es mußte eine kurze Wiederholung des Saturnzustandes eintreten. Es mußten wieder an den physischen Leibern die Geister der Ichheit und der Selbständigkeit arbeiten, um ihnen die Fähigkeit einzupflanzen, das Ich aufzunehmen. Ebenso mußte der Sonnenzustand durchgemacht werden, damit diese physischen Leiber in bezug auf die Organe, die sich auf der Sonne herangebildet hatten, fähig würden, ein Ich aufzunehmen, und ebenso der Mondenzustand, um das Nervensystem dazu geeignet zu machen.

Also zuerst eine Art Wiederholung des Saturnzustandes. In diesem wandelten diejenigen Wesenheiten, die früher Menschentiere waren, jetzt wie Automaten auf der Erde herum, wie eine Art von Maschinen. Dann trat die Zeit ein, wo dieser wiederholte Saturnzustand in den Sonnenzustand überging. Da waren diese Menschenleiber wie schlafende Pflanzen. Dann trat die Wiederholung des Mondenzustandes ein, wo die Sonne sich bereits herausgelöst hatte. Es blieb zurück alles, was sich früher schon als Mond abgelöst hatte. Es war also noch einmal der ganze Mondenkreislauf wiederholt, nur daß den Wesenheiten die Fähigkeit eingepflanzt wurde, ein Ich aufzunehmen.

Diese Wiederholung des Mondenkreislaufes war für die Erde, wenn man so sagen darf, eine böse Zeit ihrer Entwickelung, denn es war, geistig betrachtet, dem Menschenleibe, der doch nur aus physischem, Äther- und Astralleib bestand, die Ichheit ohne das läuternde Denken eingepflanzt worden. In der Zeit, wo schon die Sonne weg war und die Erde noch nicht den Mond hinausgeworfen hatte, war der Mensch in einem Zustande, wo sein Astralleib der Träger war der wildesten Begierden, denn alle schlimmen Kräfte waren in ihn eingepflanzt und es war kein Gegengewicht vorhanden. Es war, wenn man es heute ausdrücken wollte, nach der Abtrennung der Sonne eine Masse, in der die Menschen auch noch durchaus Gruppenseelen waren, aber der allerwollüstigsten Art mit den schlimmsten Trieben.

Und so reifte durch diesen Durchgang durch eine wirkliche Hölle, unter dem Einfluß der hinausgegangenen geläuterten Sonne — nicht nur der physischen Sonne, sondern auch der Sonnenwesen, die sich auf die Sonne zurückgezogen hatten —, so reifte allmählich dieser sich wiederholende Mondenplanet so weit, daß er hinauswerfen konnte die furchtbaren Triebe und Mächte und auf der Erde zurückbehielt dasjenige, was entwickelungsfähig war. Mit dem Auszug des heutigen Mondes gingen alle diese wollüstigen Kräfte weg. Daher haben Sie in dem heutigen Monde den Überrest, auch in seiner geistigen Bedeutung, von all den schlimmen Einflüssen, die damals in der Menschenwelt vorhanden waren, und deshalb auch ist mit diesem Mondendasein ein herabziehender Einfluß vorhanden. Dasjenige also, was auf der Erde nach der Abtrennung von der Sonne und dem Monde zurückblieb, das war das Entwickelungsfähige.

Betrachten wir nun zunächst die Tiermenschen selber. Sie waren allmählich so weit herangereift, daß ihnen das Ich eingegliedert werden konnte. Jetzt haben wir also den Menschen, der aus vier Gliedern besteht, aus physischem Körper, Ätherleib, Astralleib und Ich, auf der Erde herumwandelnd. Jetzt ist es zum ersten Male, daß die frühere schwimmende, schwebende Lage sich ändert und der Mensch beginnt, nach und nach in die senkrechte Lage zu kommen. Sein Rückgrat, sein Nervenstrang im Rücken, wurde aufrecht, im Gegensatz zu der durchaus horizontalen Lage, die er während der Mondenzeit gehabt hatte. Und mit diesem Sich-Aufrichten ging parallel die Ausweitung der Rückenmarkmasse zum Gehirn, und noch eine andere Entwickelung ging parallel damit. Zu der schwebenden, schwimmenden Bewegung, die der Mensch sowohl in der Mondenzeit als auch während der Wiederholung der Mondenzeit hatte, als die Feuernebelkräfte noch in der Umgebung vorhanden waren, bedurfte er einer Art von Schwimmblase, und die war in der Natur des Menschen auch wirklich vorhanden, wie es bei den Fischen heute noch der Fall ist. Jetzt schlugen sich die Feuernebel — Ruach haben wir sie genannt — nieder. Ganz allmählich und langsam geschah das. Immer noch freilich war die Luft angefüllt von dichten Wasserdämpfen, aber das Ärgste schlug sich nieder, und damit begann die Zeit, wo der Mensch aus einem Kiemen-Atmer ein Lungen-Atmer wurde. Die Schwimmblase wandelte sich um zu Lungen. Dadurch wurde er fähig, die höheren geistigen Wesenheiten in sich aufzunehmen, nämlich die erste Anlage zu dem, was über dem Ich steht, das Geistselbst oder Manas.

Diese Umwandlung der Schwimmblase in die Lunge drückt die Bibel mit den wunderbaren monumentalen Worten aus: «Und Gott blies dem Menschen den Odem ein, und er ward eine lebendige Seele.» Darin ist ausgedrückt, was sich während Tausenden von Jahren mit dem Menschen abgespielt hat. Und alle die Wesenheiten, die wir kennengelernt haben, sowohl die Pflanzentiere wie auch die Tiermenschen des Mondes und ihre Nachkommen während der Mondenzeit der Erde, sie alle hatten noch nicht das rote Blut. Was sie hatten, war ähnlich dem noch nicht roten Blute der jetzigen niederen Tiere. Blutartige Substanz floß von außen in sie ein und aus. Um das rote Blut in sich selbst beherbergen zu können, war noch etwas anderes nötig. Wir werden das verstehen, wenn wir wissen, daß bis zum Hinauswerfen des Mondes in der Entwickelung unseres Planeten keine Rolle gespielt hat das Eisen. Bis dahin gab es auf unserem Planeten kein Eisen. Er erhielt es dadurch, daß der Planet Mars durch unsere Erde hindurchging und sozusagen das Eisen zurückließ. Daher stammt der Einfluß des Eisens im roten Blute vom Mars her.

Die Sage hat das wohl bewahrt, indem sie dem Mars die Eigenschaften zusprach, die das Eisen dem Blute brachte, die starke Kraft, das Kriegerische. So wurde der Einfluß, der da geschah von seiten des Atmungsprozesses, unterstützt durch die Einführung des Eisens in unseren Organismus. Das ist höchst wichtig für unsere Erdenentwickelung gewesen. Unter diesen Einflüssen vervollkommnete sich der menschliche Organismus so weit, daß man sagen kann: Der Mensch fing an, vom Ich aus zu reinigen und zu läutern die Wesensglieder, die er früher auf dem Saturn, der Sonne und dem Monde erhalten hatte. Zuerst begann diese Arbeit natürlich an demjenigen Gliede, das er zuletzt erhalten hatte, am Astralleib. Und diese Läuterung an unserem Astralleibe ist unsere Kultur.

Wenn Sie diesen Menschen betrachten könnten, der noch in der Umwandlung zur Lunge begriffen war, der die ersten Ansätze machte zum roten Blut, dann würden Sie ihn sehr unähnlich finden unserer jetzigen Menschengestalt. Er war so verschieden, daß man wirklich Anstoß nehmen könnte, diesen Menschen von damals zu schildern, denn dem heutigen materialistischen Denker würde es grotesk erscheinen. Er hatte ungefähr den Entwickelungswert eines Amphibiums, eines Reptils, das eben anfängt, durch Lungen zu atmen, und aus der früheren schwebenden, schwimmenden Bewegung heraus begann er zu lernen, sich langsam aufzustützen auf der Erde. Wenn man sagt, daß der Mensch in dem lemurischen Zeitalter in einer Bewegungsform war, die abwechselnd hüpfend, kaum noch schreitend, und dann wieder sich in die Luft erhebend war, so haben wir höchstens in den alten Sauriern etwas, was daran erinnern kann. Es ist nichts davon erhalten geblieben, was der Geologe als Verhärtungen, Versteinerungen hätte auffinden können, denn der Körper des Menschen war ganz weich, es hatten sich ihm noch keine Knochen eingegliedert.

Wie sah nun die Erde aus, nachdem sie sich vom Monde befreit hatte? Früher war sie umgeben gewesen von Feuernebel, wie in einem kochenden, dampfenden Kessel, und dann zogen sich allmählich die dichten Wasserdämpfe zurück. Jetzt gestaltete es sich so, daß die Erde eine nur sehr dünne verhärtete Decke hatte, unter welcher dieses brodelnde, sprudelnde Feuermeer sich befand, das der Überrest des Feuernebels der alten Atmosphäre war. Allmählich kamen dann kleine Inselchen heraus, die ersten Anfänge unseres jetzigen Mineralreichs. Während auf dem Monde noch ein Pflanzenmineralreich vorhanden war, gliederten sich jetzt die ersten Ansätze unserer heutigen Felsen und Gesteine heraus durch Verhärtung, Vermineralisierung dieser Masse. Schon früher hatte sich das Tierpflanzenreich etwa zu dem gegenwärtigen Pflanzenreich entwickelt. Und die Wesenheiten auf dem Monde, die Menschentiere waren, hatten sich in zwei Heere geteilt. Die einen waren in der

Entwickelung mitgekommen und Menschengestalten geworden, aber es gab auch solche, die diese Entwickelung nicht mitgemacht hatten. Das sind die gegenwärtigen höheren Tiere. Die waren auf früherer Stufe stehengeblieben, und weil sie nicht mitgehen konnten, kamen sie immer mehr zurück. Alles, was wir heute an Säugetieren und so weiter haben, sind Überreste von stehengebliebenen Monden-Menschentieren. Sie dürfen sich also niemals vorstellen, daß der Mensch je ein solches Tier war, wie sie heute auf der Erde sind. Die Leiber dieser Tiere sind damals nicht fähig gewesen, das Ich in sich aufzunehmen; sie sind bei der Gruppenseelenhaftigkeit des Mondes stehengeblieben. Die letzten, die fast noch sozusagen den Anschluß auf der Erde erreicht hätten, die sich aber später doch als zu schwach erwiesen, um von einer individuellen Seele bewohnt zu werden, das sind die Affen, das gegenwärtige Affengeschlecht. Aber auch sie waren niemals wirkliche Vorfahren der Menschheit, sondern sind heruntergekommene Wesenheiten.

So war die Erde in der alten lemurischen Zeit eine Art feuriger Masse, in der das heutige Mineral zum größten Teil aufgelöst und flüssig war, wie heute in einem Eisenwerk das Eisen. Daraus entwickelte sich die erste mineralische Inselmasse heraus. Auf dieser wandelten halb hüpfend, halb schwebend die Menschenvorfahren herum. Das Geistselbst bemühte sich, allmählich Besitz zu ergreifen von diesen Menschen.

So müssen wir uns die alte Feuerzeit der Erde vorstellen als eine Zeit, in welcher in gewisser Beziehung noch ein letzter Nachklang vorhanden war von den Kräften des Mondes selbst, die dann nach und nach verschwanden. Sie äußerten sich durch die Herrschaft, die der menschliche Wille über die Substanzen und Kräfte der Natur besaß. Auf dem Monde war ja der Mensch noch ganz verbunden gewesen mit der Natur; da schaffte die Gruppenseele am menschlichen Dasein. Jetzt war das nicht mehr so, aber immer noch bestand ein magischer Zusammenhang zwischen Menschenwille und Feuerkräften. Wenn der Mensch einen sanften Charakter hatte, dann wirkte er durch den Willen so, daß sich das Naturelement des Feuers beruhigte; dadurch konnte sich mehr Land ansetzen. Der leidenschaftliche Mensch dagegen wirkte mit seinem Willen magisch so, daß die Feuermassen stürmisch und wütend wurden und die dünne Erddecke zerrissen. Nun kam die ganze wilde, leidenschaftliche Gewalt, die auf dem Monde und während der Wiederholung der Mondenzeit auf der Erde dem Menschen eigen gewesen war, noch einmal zum Durchbruch in den neu erstandenen individuellen Menschenseelen. Die Leidenschaften wirkten so auf die Feuermassen, daß sie sie revolutionierten und ein großer Teil des Landes, den die Lemurier bewohnten, zugrunde ging. Nur ein kleiner Teil der Bewohner Lemuriens erhielt sich und pflanzte die Menschheit weiter fort.

Sie alle lebten schon damals; Ihre Seelen sind ja dieselben, die sich aus der stürmischen Feuermasse Lemuriens herausgerettet hatten. Derjenige Teil der Menschheit, der sich gerettet hatte, zog in das Land, das wir als die Atlantis kennen und das sich im wesentlichen zwischen dem heutigen Europa und Amerika ausgedehnt hat. Von da pflanzte sich das Menschengeschlecht weiter fort. Allmählich hatte sich die Atmosphäre der Erde so verändert, daß alle Reste des alten Rauches heraus waren und die Luft nur noch von einer mächtigen Nebelmasse geschwängert war. Die germanische Sage hat die Erinnerung daran in dem Niflheim oder Nebelheim bewahrt; das ist ein Land, das fortwährend durchzogen war von solchen schweren Nebelmassen.

Was hat nun bis in die lemurische Zeit hinein von außen geschaffen? Das sind zunächst während der Saturnzeit die Wesenheiten, die wir die Geister des Egoismus, des Selbständigkeitssinnes nennen. Während der Sonnenzeit sind es die Erzengel, die Feuergeister, während der Mondenzeit diejenigen Wesenheiten, die sozusagen die guten Geister der Mondenzeit waren. Die christliche Bezeichnung dafür ist Engel; die Theosophie bezeichnet sie auch als die «Geister des Zwielichts». Den hervorragendsten Anführer dieser Geister haben wir bezeichnet als den Heiligen Geist, den Regenten der Feuergeister als den Christus, den des Saturn als den Vater-Geist. Der letzte also, der geschaffen hat mit seinem Heere, war der Geist, den das Christentum als Heiligen Geist bezeichnet, der Regent der Mondenentwickelung, der Geist, der noch vorhanden war während der Wiederholung der Erdenmondenzeit. Derselbe Geist war es, der da von außen baute und jetzt sozusagen einen Strahl seiner eigenen Wesenheit in den Menschen hineinsandte. Zweierlei Geister haben wir zu unterscheiden im Beginn der lemurischen Zeit: die Geister, die vorbereiten die niedere Körperlichkeit, die einpflanzen das Ich-Bewußtsein, die herausgestalten die Menschenhüllen, und denjenigen Geist, der in den Menschen selbst einzog in dem Moment, wo dieser Mensch lernte, physisch zu atmen.

Wenn Sie nun bedenken, daß alles, was auf dem Saturn noch eine Art von Feuermasse bildete, umgeben von einer feineren Atmosphäre, auf der Sonne gasartig war und auf dem Monde dann umgeben war von jenen Feuernebelmassen, dann müssen Sie den Entwickelungsprozeß der Erde als eine Reinigung auffassen, wie die Entwickelung der Menschheit selbst eine Reinigung ist. Das, was man heute Luft nennt, wurde erst allmählich rein von alledem, was sie als eine Art von Rauch und Dampf erfüllte. Wir müssen uns klar darüber sein, daß das, was sich da aus der Atmosphäre herausgeschieden hat, diejenigen Substanzen sind, aus welchen sich alle Körperlichkeit aufgebaut hat. Die Luft ist das Reinste von dem, was zurückgeblieben ist. Sie ist die beste Körperlichkeit für die führenden Geister des Mondes, die man in der christlichen Ausdrucksweise Engel nennt. Daher empfand der Mensch in der Luft, die sich geläutert hatte, die sich abgeschieden hatte, die Körperlichkeit der neuen führenden Geister der Erde, den jetzigen führenden Geist Jehova. In dem Wehen des Windes empfand man das, was die Erde führte und leitete. Und so lebte man hinüber in die atlantische Zeit, deren Kontinent den jetzigen Boden des Atlantischen Ozeans bildet, indem man in dem aufgenommenen Atem die Körperlichkeit des Gottes spürte.

Jener magische Einfluß, den die Menschen gehabt hatten auf das Feuermeer, auf die Vorgänge der Erde, verschwand allmählich. Dafür blieb ein anderer Zusammenhang in der ersten atlantischen Zeit. Da besaß der Mensch noch eine gewisse magische Gewalt über das Wachstum der Pflanzen. Wenn er seine Hand, die damals noch eine ganz andere Form hatte, über eine Pflanze erhob, dann war er imstande, sie zum schnellen Wachstum zu bringen durch seinen Willenseinfluß. Er stand noch im innigen Zusammenhang mit den Wesen der Natur. Das ganze Leben des Atlantiers entsprach diesem Zusammenleben mit der Natur.

Was man heute den Kombinationssinn, die Intelligenz, das logische Denken nennt, gab es damals noch nicht. Dagegen hatte der Mensch anderes in hohem Maße entwickelt, zum Beispiel das Gedächtnis, von dessen fabelhafter Entwickelung wir uns heute gar keine Vorstellung machen können. Rechnen konnte der Mensch nicht, nicht einmal, daß 2 mal 2 = 4 sind, aber aus dem Gedächtnis heraus wußte er es. Jedesmal erinnerte er sich an das frühere Erlebnis. Auch das hat sich in der atlantischen Zeit erhalten, daß, wenn man auch die Volksseele nicht mehr unmittelbar in sich spürte wie auf dem Monde, man doch die Wirkung der alten Volks- und Rassenseelen empfand. Sie war so stark, daß es damals ganz unmöglich gewesen wäre, daß derjenige, der einer Rasse oder Volksseele angehörte, sich je mit einem verbunden hätte, der einer anderen Rasse zugehörig war. Zwischen den Angehörigen der verschiedenen Volksseelen war eine tiefe Antipathie vorhanden. Nur das liebte sich, was innerhalb derselben Volksseele war. Man kann sagen, das gemeinsame Blut, das früher ja in der Mondenzeit sich aus der Volksseele herniedergegossen hatte, war der Grund der Zusammengehörigkeit, und man erinnerte sich nicht nur dunkel etwa, sondern ganz deutlich der Erlebnisse der Vorfahren. Man empfand sich als Glied in der Vorfahrenkette durch das gemeinsame Blut, so wie Sie die Hand fühlen als ein Glied Ihres Organismus. Dieses Gefühl der Zusammengehörigkeit hing mit der Entwickelung insofern zusammen, als damals bei diesem Übergang, den wir betrachtet haben und der zur Zeit des Sonne-Ablösens und des Hinausstoßens des Mondes stattfand, ein anderer bedeutungsvoller Vorgang sich abspielte. Der hängt zusammen mit all dem, was als eine Art von Verhärtungsprozeß auf der Erde vorging. Das Mineralreich entstand, und gleichzeitig ging ein solcher Verhärtungsprozeß auch im Inneren der Menschennatur vor sich. Aus der weichen Masse bildete sich allmählich ein Härteres heraus, das sich erst bis zum Knorpel und dann bis zum Knochen verhärtete, und erst mit diesem Ansetzen der Knochenmasse begann die gehende Bewegung der Menschen.

Und mit dieser Gliederung in die Knochenmasse ging wieder ein anderer Prozeß parallel. Indem der Mensch sich dadurch weiterentwikkelte, daß die Mondenmasse von der Erde abgestoßen wurde und nur das Entwickelungsfähige zurückblieb, bildeten sich zwei Arten von Kräften aus in den Wesen, die die Erde bewohnten. Jetzt waren die

Sonne und der Mond draußen, und die Sonnen- und Mondenkräfte wirken deshalb von außen auf die Erde ein. Und aus dieser Mischung von Sonnen- und Mondenkräften, die früher ja in der Erde selbst gewesen waren, nun aber von außen hereinstrahlten, entstand das, was wir das Vorrücken zum geschlechtlichen Leben nennen. Denn alle diejenigen Kräfte, welche im geschlechtlichen Leben zum Ausdruck kommen, stehen unter dem Einfluß der Sonnen- und Mondenkräfte.

Alles, was in alten Zeiten, als Sonne, Mond und Erde noch verbunden gewesen waren, so wirkte, daß man es als ein Weibliches bezeichnen könnte, wurde sozusagen befruchtet von den Kräften der Sonne selber. Die Sonne empfand sich als ein Männliches, der Mond als ein Weibliches. Jetzt zog sich der Mond hinaus; die Kräfte der beiden Körper vermischten sich. Überhaupt können wir die Wesenheiten, die bis zum Hinausstoßen des Mondes entstanden waren, als eine Art weiblicher Wesenheiten bezeichnen, denn alle befruchtenden Kräfte kommen von außen, von der Sonnenkraft. Erst auf einer Erde, die den Mond ausgestoßen hatte, so daß die Sonne nun einen ganz anderen Körper beschien, konnte das alte und undifferenzierte Weibliche sich trennen in Männliches und Weibliches, so daß mit dem Verhärtungs- und Knochenbildungsprozeß der Übergang in das Geschlechtliche stattfand. Und damit war die Möglichkeit gegeben, das Ich in richtiger Weise auszubilden.

# ZWÖLFTER VORTRAG

München, 4. Juni 1907

Äußerlich hat sich der Vorgang, den ich Ihnen als die Entstehung der Zweigeschlechtlichkeit schilderte, so abgespielt, daß Sie sich in jenem Menschentier des Mondes noch beide Geschlechter vereinigt denken müssen, auch noch bei ihren Nachkommen auf der Mondenwiederholung der Erde. Dann hat wirklich eine Art von Spaltung des Menschenleibes stattgefunden. Diese Spaltung ist zustande gekommen durch eine Art Verdichtung. Erst durch die Herausgliederung eines Mineralreiches, wie es das heutige ist, konnte der heutige Menschenleib, der ein Geschlecht darstellt, entstehen. Die Erde und der menschliche Leib mußten sich erst bis zu der mineralischen Natur von heute verfestigen. In den weichen Menschenleibern des Mondes und der ersten Erde waren zweigeschlechtliche Menschen männlich-weiblicher Wesenheit.

Nun müssen wir uns an die Tatsache erinnern, daß in gewisser Beziehung der Mensch sich einen Rest der alten Zweigeschlechtlichkeit erhalten hat insofern, als beim heutigen Menschen beim Manne der physische Leib männlich und der Ätherleib weiblich ist und beim Weibe umgekehrt; da hat der physisch weibliche Leib einen männlichen Ätherleib. Diese Tatsachen eröffnen uns interessante Einblicke in das Seelenleben der Geschlechter. Die Aufopferungsfähigkeit des Weibes zum Beispiel im Liebesdienste hängt zusammen mit der Männlichkeit ihres Ätherleibes, während der Ehrgeiz des Mannes erklärt wird, wenn wir die weibliche Natur seines Ätherleibes erkennen.

Ich habe bereits gesagt, daß aus der Vermischung der uns von der Sonne und dem Monde zugesandten Kräfte das entstanden ist, was das Gesonderte im Menschengeschlechte darstellt. Nun müssen Sie sich klar sein, daß beim Manne der stärkere Einfluß auf den Ätherleib ausgeht vom Monde und der stärkere Einfluß auf den physischen Leib von der Sonne. Bei der Frau dagegen ist es umgekehrt: der physische Leib wird beeinflußt von den Kräften des Mondes und der Ätherleib von denen der Sonne.

126

Der fortwährende Umtausch von mineralischen Stoffen im heutigen physischen Leibe des Menschen konnte erst stattfinden, als sich das heutige Mineral gebildet hatte. Vorher gab es eine ganz andere Ernährungsform. Während der Sonnenzeit der Erde waren alle Pflanzen durchdrungen von Milchsäften. Da ist die Ernährung tatsächlich so bewirkt worden, daß der Mensch aus den Pflanzen die Milchsäfte sog wie heute das Kind aus der Mutter. Die Pflanzen, die heute noch Milchsäfte enthalten, sind letzte Nachzügler aus jener Zeit, wo alle Pflanzen reichlich diese Säfte lieferten. Erst später kam die Zeit, wo die Ernährung die heutige Form annahm.

Um den Sinn der Geschlechtertrennung zu verstehen, müssen wir uns klar sein, daß sowohl auf dem Monde als auch während der Mondenwiederholungszeit auf der Erde alle Wesen einander sehr ähnlich sahen. So wie eine Kuh dasselbe Aussehen hat wie ihre Nachkommen, wie alle Kühe, weil da die Gruppenseele zugrunde liegt, so sahen auch die Menschen ihren Vorfahren zum Verwechseln ähnlich, und das ging bis lange in die atlantische Zeit hinein.

Woher kommt nun die Tatsache, daß die Menschen sich nicht mehr ähnlich sind? Sie kommt aus der Entstehung der zwei Geschlechter. Aus der früheren Zweigeschlechtlichkeit her hat sich im weiblichen Wesen die Tendenz erhalten, die Nachkommen ähnlich zu gestalten. Im männlichen Wesen wirkt der Einfluß anders; in ihm wirkt die Tendenz, die Verschiedenheit, die Individualisierung hervorzurufen, und dadurch, daß die männliche Kraft in die weibliche einfloß, wurde immer mehr Unähnlichkeit erzeugt. So tritt durch den männlichen Einfluß die Möglichkeit auf, daß die Individualität Platz greift.

Noch eine andere Eigentümlichkeit hatte das alte Zweigeschlechtliche. Wenn Sie einen alten Mondenmenschen nach seinen Erlebnissen gefragt hätten, wären ihm dieselben ganz gleich vorgekommen wie die seiner urältesten Vorfahren; alles lebte durch Generationen hindurch. Die Vorbereitung der Tatsache, daß sich allmählich jenes Bewußtsein entwickelte, das sich nur von der Geburt bis zum Tode erstreckt, liegt in der Individualisierung des Menschengeschlechts, und damit entwickelte sich auch die Möglichkeit einer solchen Geburt und eines solchen Todes wie heute. Denn jene alten Mondenmenschen, die so schwebend, schwimmend sich bewegten, hingen herunter aus der Umgebung, in die hinein sie ihre Blutstränge sandten. Wenn so ein Wesen starb, so war das kein Sterben der Seele, es war nur ein Absterben wie das eines Gliedes; oben blieb das Bewußtsein, wie wenn Ihnen zum Beispiel Ihre Hand an Ihrem Körper verdorren würde und an deren Stelle Ihnen eine neue Hand herauswüchse. So empfanden diese Menschen bei ihrem dämmerhaften Bewußtsein das Sterben nur wie ein allmähliches Vertrocknen ihrer Leiber. Dieselben verdorrten, und immerfort sproßten neue hervor; das Bewußtsein aber blieb durch das Bewußtsein der Gruppenseele erhalten, so daß wirklich eine Art von Unsterblichkeit vorhanden war.

Dann entstand das gegenwärtige Blut, das jetzt im Menschenleibe selbst erzeugt wurde; das ging mit der Entstehung der Zweigeschlechtlichkeit Hand in Hand. Damit trat die Notwendigkeit eines merkwürdigen Prozesses ein. Das Blut erzeugt einen fortwährenden Kampf zwischen Leben und Tod, und ein Wesen, das rotes Blut in sich erzeugt, hat auch in sich selbst den Schauplatz eines beständigen Kampfes zwischen Leben und Tod, denn fortwährend wird rotes Blut verbraucht und verwandelt sich in blaues Blut, in einen Todesstoff. Mit der eigenen Blutumwandlung im Menschen entstand auch jene Verfinsterung des Bewußtseins über Geburt und Tod hinaus. Erst da verlor der Mensch mit der Aufhellung des Gegenwartsbewußtseins die alte im Dämmerhaften vorhandene Unsterblichkeit, so daß das Nichtherausschauen über Geburt und Tod innig zusammenhängt mit der Geschlechtlichkeit. Und noch ein anderes hängt damit zusammen.

Als der Mensch die Gruppenseele hatte, ging das Dasein von Generation zu Generation weiter; es gab keine Unterbrechung durch Geburt und Tod. Jetzt trat diese Unterbrechung ein und damit die Möglichkeit der Reinkarnation. Früher war der Sohn nur eine unmittelbare Fortsetzung vom Vater, der Vater vom Großvater; das Bewußtsein riß nicht ab. Jetzt kam eine Zeit, wo es sich verdunkelte über Geburt und Tod hinaus, und erst damit war die Möglichkeit eines Aufenthaltes in Kamaloka und Devachan gegeben. Dieser Wechsel, dieser Aufenthalt in höheren Welten ist überhaupt erst möglich geworden nach der Individualisierung, nach der Abstoßung von Sonne und Mond. Erst da trat das auf, was wir heute Inkarnation nennen, und damit zugleich dieser Zwischenzustand, der auch einst wieder aufhören wird.

So sind wir bis zu dem Zeitalter gelangt, wo wir den alten zweigeschlechtlichen Organismus, der eine Art Gruppenseele darstellt, sich trennen sehen in Männliches und Weibliches, so daß das Gleiche, das Ähnliche sich fortsetzt durch das Weibliche, das Verschiedenartige durch das Männliche. Wir erblicken tatsächlich innerhalb unserer Menschheit im Weiblichen dasjenige Prinzip, das noch die alten Stammesrassen und Volkszusammenhänge erhält, und im Männlichen dasjenige, was diese Zusammenhänge fortwährend durchbricht, sie durchklüftet und so die Menschheit individualisiert. Es wirkt im Menschen tatsächlich ein altes Weibliches als Gruppenseele und ein neues Männliches als individualisierendes Element. Es wird dahin kommen, daß alle Rassen- und Stammeszusammenhänge wirklich aufhören. Der Mensch wird vom Menschen immer verschiedener werden. Die Zusammengehörigkeit wird nicht mehr durch das gemeinsame Blut vorhanden sein, sondern durch das, was Seele an Seele bindet. Das ist der Gang der Menschheitsentwickelung.

In den ersten atlantischen Rassen bestand noch ein starkes Zusammengehörigkeitsband, so daß die ersten Unterrassen sich auch nach der Farbe gliederten, und dieses Gruppenseelenelement haben wir noch in den verschiedenfarbigen Menschen. Diese Unterschiede werden immer mehr verschwinden, je mehr das individuelle Element die Oberhand gewinnt. Es wird eine Zeit kommen, wo es keine verschiedenfarbigen Rassen mehr geben wird. Der Unterschied in bezug auf die Rassen wird aufgehört haben, dagegen werden individuell die größten Unterschiede bestehen. Je weiter wir zurückgehen in alte Zeiten, desto mehr treffen wir das Übergreifen des Rassenelements an. Das richtig individualisierende Prinzip beginnt überhaupt erst in der späteren atlantischen Zeit. Bei den alten Atlantiern empfanden wirklich noch Angehörige der einen Rasse eine tiefe Antipathie gegen Angehörige einer anderen Rasse. Das gemeinsame Blut bewirkte die Zusammengehörigkeit, die Liebe. Es galt für unsittlich, einen Angehörigen eines anderen Stammes zu heiraten.

Wenn Sie als Seher bei dem alten Atlantier den Zusammenhang zwischen dem Ätherleib und dem physischen Leibe prüfen würden, dann würden Sie eine merkwürdige Entdeckung machen. Während bei dem heutigen Menschen der Ätherkopf des Ätherleibes sich ziemlich deckt mit dem physischen Teil des Kopfes und nur ein weniges darüber hinausragt, ragte bei dem alten Atlantier der Ätherkopf weit hinaus über den physischen Kopf. Namentlich am Stirnteil ragte derselbe mächtig hervor. Nun müssen wir uns an der Stelle zwischen den Augenbrauen, nur etwa einen Zentimeter tiefer, einen Punkt im physischen Gehirn denken und einen zweiten im Ätherkopfe, der diesem Punkt entsprechen würde. Beim Atlantier waren diese beiden Punkte noch weit auseinander, und die Entwickelung bestand eben darin, daß sie sich immer näher rückten. Im fünften atlantischen Zeitalter rückte nun der Punkt des Ätherkopfes in das physische Gehirn hinein, und dadurch, daß diese beiden Punkte zusammenkamen, entwickelte sich das, was uns heute zu eigen ist: Rechnen, Zählen, das Vermögen zu urteilen, überhaupt das Begriffsvermögen, die Intelligenz. Vorher hatten die Atlantier nur ein groß entwickeltes Gedächtnis, aber noch keinen kombinierenden Verstand. Hier haben wir den Ausgangspunkt für das Bewußtwerden des Ich. Eine Selbständigkeit des Wesens war bei dem Atlantier nicht vorhanden, ehe diese beiden Punkte zusammenkamen; dagegen konnte er in viel innigerem Kontakt mit der Natur leben. Seine Wohnungen setzten sich zusammen aus dem, was ihm die Natur gab. Er formte die Steine um und verband sie mit den wachsenden Bäumen. Seine Wohnungen waren herausgeformt aus der werdenden Natur, waren eigentlich umgestaltete Naturgegenstände. Er lebte so in den kleinen Zusammenhängen, die noch durch die Blutsverwandtschaft erhalten waren, daß in denselben eine starke Autorität durch den Stärksten, der der Häuptling war, ausgeübt wurde. Alles hing ab von der Autorität, die aber noch in anderer Weise ausgeübt wurde.

Als der Mensch in die atlantische Zeit eintrat, konnte er noch keine artikulierte Sprache reden; diese entwickelte sich erst in der atlantischen Zeit. Ein Häuptling hätte keine Gebote in einer Sprache ausdrücken können. Dagegen hatten diese Menschen die Fähigkeit, die Sprache der Natur zu verstehen. Davon hat der heutige Mensch keinen Begriff; das muß er erst wieder lernen. Stellen Sie sich zum Beispiel eine Quelle vor, die Ihnen Ihr Bild spiegelt. Als Okkultist erhebt sich in Ihrer Seele ein eigentümliches Gefühl. Sie sagen: Mein Bild dringt mir aus dieser Quelle entgegen; das ist mir ein letztes Zeichen, wie sich auf dem alten Saturn alles hinausgespiegelt hat in den Raum. — Die Erinnerung an den alten Saturn taucht in dem Okkultisten auf, wenn er sein Spiegelbild in der Quelle erblickt. Und im Echo, das den gesprochenen Laut zurückgibt, taucht die Erinnerung auf, wie auf dem Saturn alles, was in den Weltenraum hineintönte, als Echo zurückkam. Oder Sie sehen eine Fata Morgana, eine Luftspiegelung, in der gleichsam die Luft das aufgenommen hat, was ihr an Bildern überliefert wird und Ihnen dann wiedergibt. Als Okkultist sehen Sie darin eine Erinnerung an die Sonnenzeit, wo die gasförmige Sonne alles, was ihr aus dem Weltenraum entgegenkam, aufnahm, in sich verarbeitete, es dann zurückstrahlte und ihre eigene Natur darin mitgab. Auf dem Sonnenplaneten hätten Sie gesehen, wie die Dinge drinnen als Fata Morgana, als eine Art Lichtbild vorbereitet waren innerhalb der Gase des Sonnenzustandes. So lernt man ohne Phantastik die Welt vielartig auffassen, und das ist ein wichtiges Mittel zur Hinaufentwickelung in die höheren Welten.

In den alten Zeiten verstand der Mensch in hohem Grade die Natur. Es ist ein großer Unterschied, ob man in einer Luft lebt wie der heutigen oder in einer solchen wie zur atlantischen Zeit. Die Luft war damals durchzogen von mächtigen Nebelmassen; Sonne und Mond waren umgeben von einem riesigen Regenbogenhof. Es gab eine Zeit, wo die Nebelmassen so dicht waren, daß kein Auge hätte die Sterne sehen können, wo Sonne und Mond noch verfinstert waren; sie wurden erst nach und nach sichtbar für den Menschen. Dieses Sichtbarwerden von Sonne, Mond und Sternen wird großartig geschildert in der Schöpfungsurkunde. Was da geschildert wird, hat sich wirklich zugetragen, und mehr noch hat sich zugetragen.

Das Verständnis für die umgebende Natur war also beim Atlantier noch sehr stark vorhanden. Was im Rauschen der Quelle, im Windessturm tönt und Ihnen heute unartikulierter Laut ist, das hörte der Atlantier als verständliche Sprache. Gebote gab es damals noch nicht, aber der Geist drang heraus aus der wassergeschwängerten Luft und sprach zum Menschen. Die Bibel drückt das aus mit den Worten: «Und der Geist Gottes schwebte über den Wassern.» Der Mensch hörte den Geist heraus aus den Dingen; aus Sonne, Mond und Sternen heraus sprach der Geist zu ihm, und Sie finden in jenem Wort der Bibel einen deutlichen Ausdruck für das, was sich zutrug in der menschlichen Umgebung.

Dann kam die Zeit, in welcher ein besonders fortentwickelter Teil des Menschengeschlechts, der in einer Gegend lebte, die ebenfalls heute Meeresboden ist, in der Nähe des heutigen Irlands, zuerst jene starke Eingliederung des Ätherleibes erlebte und dadurch eine Erweiterung der Intelligenz erfuhr. Dieser Teil begann, unter Führung des Vorgeschrittensten nach Osten zu ziehen, während nach und nach mächtige Wassermassen den atlantischen Kontinent überschwemmten. Der am weitesten vorgeschrittene Teil dieser Völkerschaften zog bis nach Asien hinein und gründete dort das Zentrum der Kulturen, die wir als die nachatlantischen Kulturen bezeichnen. Von dort strahlte dann die Kultur aus. Sie ging aus von jenem Menschenstrom, der später weiter nach Osten vorrückte und von Zentralasien aus in Indien die erste Kultur gründete. Diese wies noch starke Nachklänge der atlantischen Kultur auf. Der alte Inder hatte noch nicht ein solches Bewußtsein, wie wir es heute haben, aber die Möglichkeit dazu war gegeben, als jene beiden Punkte des Gehirns, von denen ich gesprochen habe, zusammenfielen. Im Atlantier lebte vor dieser Eingliederung noch ein Bilderbewußtsein; er sah noch geistige Wesenheiten durch dasselbe. Er hörte nicht nur eine deutliche Sprache im Murmeln der Quelle, sondern für ihn stieg aus der Quelle die Undine herauf, die ihre Verkörperung im Wasser hat. In den Strömungen der Luft sah er Sylphen, im brodelnden Feuer die Salamander. Er sah das alles, und daraus entstanden die Mythen und Sagen, die sich am reinsten da in Europa erhalten haben, wo Reste der Atlantier geblieben sind, die nicht bis nach Indien kamen. Die germanischen Sagen und Mythen sind Überreste von dem, was die alten Atlantier noch gesehen haben innerhalb der Nebelmasse. Die Flüsse, wie der Rhein, lebten im Bewußtsein dieser alten Atlantier, als ob in ihnen niedergeschlagen wäre die Weisheit, die in den Nebeln des alten Niflheim war. Jene Weisheit schien ihnen in den Flüssen drinnen zu sein; sie lebte darin als die Rhein-Nixen oder ähnliche Wesenheiten.

So lebten hier in diesen Gegenden Europas Nachklänge der atlantischen Kultur; drüben in Indien aber entstand eine andere, die noch Nachklänge jener Bilderwelt zeigte. Diese selbst war versunken, aber die Sehnsucht nach dem, was sich darin ausdrückt, war dem Inder geblieben. Hatte der Atlantier die Weisheit der Natur sprechen hören, dem Inder blieb die Sehnsucht nach dieser Einheit mit der Natur, und so zeigt sich der Charakter dieser altindischen Kultur darin, daß sie zurückgehen will in die Zeit, die früher dem Menschen natürlich war. Ein Träumer war der alte Inder. Zwar lag vor ihm ausgebreitet, was wir Wirklichkeit nennen, aber die Welt der Sinne war Maja vor seinen Augen. Was der alte Atlantier noch sah als schwebende Geister, das suchte der alte Inder in seiner Sehnsucht nach dem geistigen Inhalt der Welt, nach dem Brahman. Und diese Art des Zurückgehens nach dem alten traumhaften Bewußtsein des Atlantiers hat sich erhalten in der morgenländischen Schulung in einem Zurückholen dieses alten Bewußtseins.

Weiter nach Norden haben wir die Meder und Perser, die urpersische Kultur. Während die indische Kultur stark absieht von der Wirklichkeit, wird sich der Perser bewußt, daß er mit derselben zu rechnen hat. Der Mensch tritt da zuerst als Arbeiter auf, der sich bewußt ist, daß er mit seinen geistigen Kräften nicht bloß Erkenntnis anstreben soll, sondern daß er die Erde damit umgestalten soll. Als eine Art feindlichen Elements trat sie ihm zuerst entgegen. Er hatte die Erde zu überwinden, und dieser Gegensatz drückt sich aus in Ormuzd und Ahriman, in der guten und in der bösen Gottheit, und in dem Kampfe zwischen beiden. Der Mensch wollte immer mehr und mehr die geistige Welt einfließen lassen in die irdische Welt, aber noch konnte er nicht innerhalb der äußeren Welt eine Gesetzmäßigkeit, eine Naturgesetzmäßigkeit anerkennen. Die alte indische Kultur hatte in Wahrheit eine Erkenntnis von höheren Welten, aber nicht auf Grund von einer Naturwissenschaft, weil alles Irdische sich auf Maja bezog; der Perser lernte die Natur nur kennen als eine Arbeitsstätte.

Wir kommen dann zu den Chaldäern, Babyloniern und zu den ägyptischen Völkerschaften. Da lernte der Mensch in der Natur selbst die Gesetzmäßigkeit erkennen. Wenn er hinaufblickte zu den Sternen, suchte er hinter ihnen nicht bloß Götter, sondern er prüfte die Gesetze der Sterne, und so entstand jene wunderbare Wissenschaft, die wir bei den Chaldäern finden. Der ägyptische Priester sah das Physische nicht als ein Widerstrebendes an, sondern er gliederte die Geistigkeit, die er in der Geometrie fand, seinem Boden, seinem Lande ein. Die äußere Natur wurde erkannt in ihrer Gesetzmäßigkeit. Innig verknüpft war in der chaldäisch-babylonisch-ägyptischen Weisheit die äußere Sternenkunde mit der Erkenntnis der Götter, die die Sterne beseelen. Das ist die dritte Stufe der Kulturentwickelung.

Erst auf der vierten Stufe der nachatlantischen Entwickelung kommt der Mensch so weit, daß er das, was er in sich selbst als Geistigkeit erlebt, eingliedert in die Kultur. Das ist in der griechisch-lateinischen Zeit der Fall. Da prägt der Mensch im Kunstwerk, in der geformten Materie seine eigene Geistigkeit dem Stoff auf, in der Plastik sowohl wie auch im Drama. Auch die ersten Anfänge der menschlichen Städtebildung finden sich hier. Diese war anderer Natur als in der vorgriechischen Zeit in Ägypten und Babylon. Da schauten die Priester zu den Sternen hinauf und suchten ihre Gesetze, und ein Abbild dessen, was am Himmel vorging, schufen sie in dem, was sie bauten. So zeigen ihre Türme die siebenstufige Entwickelung, die der Mensch zuerst an den Himmelskörpern erforschte, und so zeigen die Pyramiden lauter kosmische Verhältnisse.

Den Übergang von der Priesterweisheit zur eigentlichen menschlichen Weisheit finden wir wunderbar ausgedrückt in der ersten römischen Geschichte in den sieben Königen Roms. Was sind diese sieben Könige? Wir erinnern uns, daß die Urgeschichte Roms auf das alte Troja zurückführt. Troja stellt sich dar als ein letztes Resultat alter Priestergesellschaften, die nach den Gesetzen der Sterne die Staaten eingerichtet haben. Nun kommt der Übergang zur vierten Kulturstufe. Die alte Priesterweisheit wird überwunden durch die Menschenklugheit, deren Bild der listige Odysseus darstellt. Noch anschaulicher haben wir das in einem Bild, das nur so richtig verstanden werden kann und das die Überwindung der Priesterweisheit durch die menschliche Urteilskraft darstellt. Als Symbolum der Menschenweisheit gilt immer die Schlange. Die Laokoongruppe stellt dar, wie die Priesterweisheit des alten Troja durch die menschliche Klugheit und Menschenweisheit, die in den Schlangen ausgedrückt ist, überwunden wird.

Dann wurden durch die maßgebenden Autoritäten, die durch die Jahrtausende wirken, die Vorgänge skizziert, die zu geschehen hatten, und danach mußte die Geschichte verlaufen. Diejenigen, die an der Ursprungsstätte Roms gestanden haben, die haben schon vorherbestimmt die siebengliedrige Kultur Roms, wie sie aufgeschrieben steht in den sibyllinischen Büchern. Denken Sie dieselbe durch: Sie finden in den Namen der sieben Könige Nachklänge an die sieben Prinzipien des Menschen. Das geht sogar soweit, daß der fünfte römische König, der Etrusker, von außen kommt. Er stellt den Teil des Manas, des Geistselbstes dar, der die drei niederen mit den drei höheren Gliedern verbindet. Die sieben römischen Könige stellen dar die sieben Prinzipien der Menschennatur; es sind die geistigen Zusammenhänge darin eingezeichnet. Das republikanische Rom ist nichts anderes als die menschliche Weisheit, die die alte Priesterweisheit ablöst. So wuchs die vierte Zeit aus der dritten heraus. Der Mensch ließ aus sich hervorgehen, was er selbst in der Seele hatte, in den großen Kunstwerken, im Drama und im Recht. Vorher war alles Recht aus den Sternen geholt. Die Römer sind ein Rechtsvolk geworden, weil hier der Mensch nach seinen eigenen Bedürfnissen das Recht, das er brauchte, das Jus, geschaffen hat.

Wir selber leben im fünften Zeitalter. Wie drückt sich in ihm der Sinn der ganzen Entwickelung aus? Verschwunden ist die alte Autorität; der Mensch wird immer innerlicher, sein äußeres Schaffen wird immer mehr ein Abdruck seines Innern. Die Stammeszusammengehörigkeiten zerfallen, der Mensch wird immer mehr individualisiert. Daher der Keim zu der Religion, die da sagt: Wer nicht verläßt Vater und Mutter, Bruder und Schwester, der kann nicht mein Jünger sein —, das heißt: Alle Liebe, die auf Naturzusammengehörigkeit begründet ist, muß aufhören; der Mensch soll dem Menschen gegenüberstehen und Seele sich zu Seele finden.

Wir haben die Aufgabe, das, was in der griechisch-lateinischen Zeit herausgeflossen ist aus der Seele, noch mehr herunterzuholen auf den physischen Plan. Damit wird der Mensch ein immer mehr in die Materialität versenktes Wesen. Hat der Grieche in seinen Kunstwerken ein idealisiertes Abbild seines Seelenlebens geschaffen und in die menschliche Form gegossen, hat der Römer in seinen Rechtssatzungen etwas geschaffen, was schon mehr persönliche Bedürfnisse darstellt, so gipfelt unser Zeitalter in Maschinen, die nur ein materialistischer Ausdruck der ganz persönlichen Bedürfnisse der Menschen sind. Mehr und mehr stieg die Menschheit herunter vom Himmel, und dieses fünfte Zeitalter ist am tiefsten heruntergestiegen, ist am stärksten verstrickt in die Materie. Hat der Grieche in seinen Schöpfungen noch den Menschen über den Menschen erhoben in seinen Abbildern — denn Zeus stellt den über sich selbst erhobenen Menschen dar —, finden Sie in den römischen Rechtssatzungen noch etwas vom Menschen, der über sich selbst hinausgeht, denn der Römer legte noch mehr Wert darauf, römischer Bürger zu sein als persönlicher Mensch, so finden Sie in unserem Zeitalter den Menschen, der den Geist verwertet, um seine materiellen Bedürfnisse zu befriedigen. Denn alle Maschinen, Dampfschiffe, Eisenbahnen, alle komplizierten Erfindungen, welchem Zwecke dienen sie? Der alte Chaldäer früher hat in der einfachsten Weise seine Nahrungsbedürfnisse befriedigt; heute wird eine Unsumme von Weisheit darauf verwendet. Kristallisierte Menschenweisheit wird darauf verwendet, um Hunger und Durst zu stillen. Wir dürfen uns nicht darüber hinwegtäuschen: Die Weisheit, so angewendet, ist unter sich selbst herabgestiegen bis in die Materie hinein.

Alles was der Mensch früher heruntergeholt hatte aus dem Geistigen, mußte unter sich selbst heruntersteigen, um wiederum hinaufsteigen zu können. Damit hat aber auch unser Zeitalter seine Aufgabe bekommen. Floß im alten Menschen das Blut, das ihn zusammenband mit seinem Stamme, so ist heute die Liebe immer mehr zerklüftet, die noch im alten Blut geflossen ist. Eine Liebe, die geistiger Art ist, muß an ihre Stelle treten; dann können wir wiederum zum Geistigen hinauf. Daß wir vom Geistigen herabgestiegen sind, hat seine gute Berechtigung, denn die Menschen müssen diesen Abstieg durchmachen, um aus eigener Kraft wieder den Weg zur Geistigkeit hinauf zu finden, und die Mission der geisteswissenschaftlichen Strömung ist es, der Menschheit diesen Weg hinauf zu zeigen.

Wir haben den Gang der Menschheit verfolgt bis zu der Zeit, in der wir selber stehen. Wir müssen nun zeigen, wie sie sich weiter entwickeln wird und wie der Mensch, der eine Einweihung durchmacht, heute schon eine gewisse Stufe der Menschheit vorausnehmen kann auf seinem Erkenntnis- und Weisheitspfade.

# DREIZEHNTER VORTRAG

München, 5. Juni 1907

Es obliegt uns heute, einiges zu besprechen über den Fortgang der Menschheitsentwickelung in der Zukunft und über das, was man Einweihung nennt, wodurch der Mensch in der Gegenwart, vorausnehmend, Stufen des Lebens durchmacht, die sonst von der Menschheit erst in der Zukunft durchgemacht werden.

Wenn wir uns zunächst mit der ersten Frage beschäftigen, so kann es Ihnen entweder als eine Vermessenheit erscheinen, über die Zukunft sprechen zu wollen, oder auch als eine Unmöglichkeit, etwas über die Zukunft des Menschen ausmachen zu können. Dennoch, wenn Sie sich die Sache ein wenig überlegen, werden Sie finden, daß die Anschauung, man könne etwas über die Zukunft wissen, doch nicht so ganz unbegründet ist. Sie brauchen ja nur diese Dinge zu vergleichen mit dem, was der gewöhnliche Forscher, zum Beispiel der Naturwissenschafter, in bezug auf die Zukunft wissen kann. Er kann Ihnen genau sagen, daß, wenn er unter irgendwelchen Bedingungen zusammenmischt Sauerstoff, Wasserstoff und Schwefel, immer Schwefelsäure entsteht. Man kann genau sagen, was geschieht, wenn man durch einen Spiegel Strahlen auffängt. Ja, das geht sogar noch viel weiter in bezug auf die Dinge des äußeren Lebens; man kann Sonnen- und Mondfinsternisse für unbestimmt lange Zeiträume voraussagen.

Warum kann man das? Weil und insofern man die Gesetze des physischen Lebens kennt. Wenn nun jemand die geistigen Gesetze des Lebens erkennt, so kann er aus diesen Gesetzen heraus gleichfalls sagen, was in der Zukunft eintreten muß. Nur bedrückt da den Menschen gewöhnlich eine Frage. Man meint so leicht, daß es im Widerspruch stehe mit der Freiheit, mit dem willkürlichen menschlichen Handeln, wenn man vorauswisse, was da geschieht. Auch das ist eine unrichtige Empfindung. Wenn Sie Schwefel, Wasserstoff und Sauerstoff unter gewissen Bedingungen zusammenbringen, so entsteht Schwefelsäure; das ist bedingt durch das Gesetzmäßige des Zusammenbringens. Ob Sie es aber tun, das hängt von Ihrem Willen ab. Und so ist es auch im geistigen

Verlauf der menschlichen Entwickelung. Das, was geschehen wird, wird der Mensch aus ganz freiem Willen tun, und je höher der Mensch sich entwickelt, desto freier wird der Mensch sein. Man darf auch nicht denken, daß schon jetzt für den Menschen bestimmt ist, was er in der Zukunft tun wird, weil er es voraussehen kann. Nur haben die meisten Menschen für diese Frage kein rechtes Verständnis, und in der Tat gehört sie zu den schwierigsten. Seit uralten Zeiten haben sich die Philosophen mit der Frage der menschlichen Freiheit und der gesetzmäßigen Vorherbestimmung der Erscheinungen abgequält. Fast alles, was auf diesem Gebiete geschrieben worden ist, ist höchst ungenügend, denn die Menschen können gewöhnlich nicht unterscheiden zwischen Vorausschauen und Vorausbestimmtsein. Mit dem Vorausschauen verhält es sich nämlich nicht anders als mit dem Hinschauen auf entfernte Raumpunkte. Wenn Sie im Raume hinsehen nach einem fernen Punkte, sagen wir nach der Straßenecke drüben, und Sie sehen, daß da ein Mensch einem andern zehn Pfennig schenkt, haben Sie dann diese Handlung bewirkt? Ist dadurch, daß Sie es sehen, irgendeine Ursache dafür gegeben worden? Nein; Sie sehen nur, daß er es tut, und das übt keinen Zwang darauf aus, daß er so handelt. Nun ist es in der Zeit in einer gewissen Beziehung ebenso, nur können die Menschen es nicht fassen. Nehmen Sie an, Sie sind in ein paar tausend Jahren wieder verkörpert. Sie tun dann etwas aus freiem Willen; das ist dann ebenso wie das Beispiel von den geschenkten zehn Pfennig. Der Seher sieht unter Umständen, was in der Zukunft getan wird, und dieses zukünftige Tun ist ebensowenig durch den jetzigen Zeitpunkt bestimmt wie das Schenken der zehn Pfennig durch den Raumpunkt. Man sagt oft: Wenn man sieht, daß etwas geschehen wird, so ist das doch eigentlich vorherbestimmt. — Aber dann verwechselt man die Zukunft mit der Gegenwart. Das würde ja kein Vorausschauen in die Zukunft sein, wenn es schon bestimmt wäre. Sie sehen ja nicht etwas, was schon da ist, sondern etwas, was erst kommt. Sie müssen den Begriff des In-die-Zukunft-Schauens genau erfassen. Es muß das in geduldiger Meditation geübt und gepflegt werden; dann nur findet man die Möglichkeit, diese Dinge richtig zu fassen.

Nach diesen Einleitungsworten wollen wir einiges von dem besprechen, was man über die Entwickelung der Menschheit in der Zukunft sagen kann. Wir sind an dem Punkte angelangt, wo die Menschheit am tiefsten in die Materie hinabgestiegen ist, wo sie ihre geistigen Kräfte verwendet zur Konstruktion und Fabrikation von Werkzeugen und Maschinen, die dem persönlichen Leben dienen. Verknüpft damit war ein immer mehr und mehr vor sich gehendes Dichterwerden der Menschheit und der Erde überhaupt. Wir haben gesehen, daß das, was wir heute das Dichteste, das Mineralreich nennen, erst in einem bestimmten Zeitpunkte unserer Entwickelung entstanden ist. Damit ist der Mensch erst eingetreten in seine jetzige irdische Entwickelung. Hand in Hand damit sind die Zweigeschlechtlichkeit und andere Erscheinungen gegangen. Damals, als der Mensch noch nicht eingetreten war in diese physische Entwickelung, die ein Mineralreich hat, da war er auch noch von viel feinerer, weicherer Natur. Nur um eine Vorstellung davon wachzurufen, sei gesagt, wie in dieser alten Zeit, wo noch keine Zweigeschlechtlichkeit existiert hat, die Fortpflanzung des Menschengeschlechtes geschah. Damals brachte der noch zweigeschlechtliche Mensch, der von dünnerer, feinerer Körperlichkeit war, ein anderes Wesen aus sich hervor. Nicht auf die heutige Art geschah das, sondern etwa so, wie in spiritistischen Sitzungen aus dem Medium der Ätherleib irgendeines anderen Wesens hervorgeht. Das gibt Ihnen ungefähr ein Bild dieses Aus-sich-heraus-Materialisierens, wie sich in alter Zeit die Menschheit fortgepflanzt hat: wie ein Hinausdrängen von Menschen, die reif waren, ihre eigene Entwickelung fortzusetzen.

So sehen Sie, wie mit dem Dichterwerden des Menschen im Kosmos sein Heruntersteigen in die materielle Welt verknüpft ist. Und damit verknüpft ist die Entwickelung einer anderen Kraft, die sich ohne dieses Heruntersteigen gar nicht hätte entwickeln können: das ist der Egoismus. Er hat eine gute und eine schlimme Seite. Er ist die Grundlage für die menschliche Selbständigkeit und Freiheit, aber in seiner Kehrseite auch der Grund alles Schlechten und Bösen. Damit der Mensch aber lernte, aus freiem Willen das Gute zu tun, mußte er durch diese Kraft des Egoismus durchgehen. Durch die Kräfte, die ihn früher geleitet hatten, mußte er immer wieder zum Guten angetrieben werden; aber es mußte ihm die Möglichkeit gegeben werden, selbst seinen Weg

zu gehen. Ebenso nun, wie er herabgestiegen ist, muß er wieder hinaufsteigen in die Geistigkeit, und wie dieses Herabsteigen verbunden ist
mit einem Überhandnehmen des Egoismus, so ist das Hinaufsteigen
abhängig davon, daß die Selbstlosigkeit, das Gefühl der Sympathie der
Menschen untereinander immer stärker und stärker wird. Die Menschheit hat sich durch verschiedene Zeitalter hindurch entwickelt, zuerst
durch das alte indische, dann durch das persische, durch das ägyptisch-
chaldäisch-babylonische und durch das griechisch-lateinische hindurch
zu dem jetzigen, dem fünften Zeitalter, und dieses wird abgelöst werden von einem sechsten. Und indem die Menschheitsentwickelung dahin
arbeitet, arbeitet sie zugleich hin auf die Überwindung desjenigen Prin-
zips, das am stärksten war seit der Zeit, als der Ätherleib seine Eingliederung gefunden hat in jenem Punkte des Gehirns, von dem ich Ihnen
gestern gesprochen habe. Das war die Zeit des Fallens in den tiefsten
Egoismus.

In früherer Entwickelung war der Mensch auch egoistisch, aber das
war in anderer Art. Derjenige Egoismus, der so tief in die Seele hinein-
geht wie in unserem jetzigen Zeitalter, hängt ganz zusammen mit der
Ausprägung der materialistischen Gesinnung, und ein spirituelles Zeitalter wird die Überwindung dieses Egoismus bedeuten. Daher hat das
Christentum und haben alle diejenigen Richtungen, die wirklich reli-
giöses Leben hatten, bewußt hingearbeitet auf eine Durchbrechung der
alten Blutsverbände; und einen radikalen Satz hat das Christentum
hingestellt, der lautet: «Wer nicht verläßt Vater, Mutter, Weib, Kind,
Bruder, Schwester, der kann nicht mein Jünger sein.» Das deutet auf
nichts anderes hin, als daß treten muß an Stelle alter Blutsverbände das
geistige Band zwischen Seele und Seele, zwischen Mensch und Mensch.
Es fragt sich jetzt nur: Welches sind die Mittel und Wege, daß die
Menschheit die Spiritualität, das heißt das Überwinden des Materialismus, und zu gleicher Zeit das, was man den Bruderbund nennen könnte,
die Ausprägung der allgemeinen Menschenliebe, erlangt? Man könnte
sich nun der Meinung hingeben, daß man nur recht gründlich die allgemeine Menschenliebe zu betonen brauchte, und daß dann diese Menschenliebe schon kommen müßte, oder man müßte Vereine gründen, die
sich den Zweck der allgemeinen Menschenliebe zum Ziele setzen. Der

Okkultismus ist niemals dieser Anschauung. Im Gegenteil! Je mehr der Mensch spricht von allgemeiner Bruderliebe und Menschlichkeit in dem Sinne, daß er sich daran berauscht, um so egoistischer werden die Menschen. Denn geradeso, wie es eine sinnliche Wollust gibt, gibt es eine Wollust der Seele; und es ist sogar eine raffinierte Wollust, zu sagen: Ich will sittlich höher und höher werden! Es ist im Grunde genommen ein Gedanke, der zwar nicht den gewöhnlichen alltäglichen Egoismus erzeugt, aber einen raffinierten Egoismus, der aus solcher Wollust entspringt.

Nicht dadurch, daß man Liebe und Mitgefühl betont, werden sie im Laufe der Menschheitsevolution erzeugt. Durch etwas anderes vielmehr wird die Menschheit geführt zu jenem Bruderbunde, und das ist die spirituelle Erkenntnis selber. Es gibt kein anderes Mittel, die allgemeine Menschenverbrüderung herbeizuführen, als die Verbreitung der okkulten Erkenntnisse in der Welt. Man rede immer von Liebe und Menschenverbrüderung, man gründe Tausende von Vereinen, sie werden nicht zu dem Ziele führen, zu dem sie führen sollen, so gut sie auch gemeint sind. Es kommt darauf an, das Richtige zu tun, zu wissen, wie man diesen Bruderbund begründet. Nur Menschen, die in der gemeinsamen, für alle Menschen gültigen okkulten Wahrheit leben, finden sich zusammen in der einen Wahrheit. Wie die Sonne die Pflanzen vereint, die ihr zustreben und deren jede doch eine Individualität ist, so muß die Wahrheit eine einheitliche sein, zu der alle hinstreben; dann finden sich alle Menschen zusammen. Aber energisch nach der Wahrheit arbeiten müssen die Menschen; dann erst können sie in harmonischer Weise zusammenleben.

Man könnte einwenden: Nach der Wahrheit streben doch alle, aber es gibt doch verschiedene Standpunkte, und daher kommen dann wieder Streit und Differenzen. — Das ist eine noch nicht genügend gründliche Erkenntnis der Wahrheit. Man darf sich nicht darauf berufen, daß es verschiedene Standpunkte in der Wahrheit geben kann; man muß es erst erfahren, daß die Wahrheit nur eine einzige sein kann. Sie hängt nicht ab von Volksabstimmung, sie ist wahr in sich selber. Oder würden Sie darüber abstimmen lassen, ob die drei Winkel eines Dreiecks gleich 180 Grad sind? Ob Millionen Menschen das zugeben oder kein einziger, wenn Sie es erkannt haben, dann ist es wahr für Sie. Es gibt keine Demokratie in der Wahrheit. Und die noch nicht harmonieren, sind noch nicht genügend weit vorgedrungen in der Wahrheit. Daher rührt aller Streit über die Wahrheit. Man kann sagen: Ja, aber der eine behauptet das und der andere jenes in okkulten Dingen! Das ist im wirklichen Okkultismus nicht der Fall. Es verhält sich damit wie bei materialistischen Dingen: da behauptet auch einer dies und ein anderer jenes, aber dann ist eines davon falsch. Ebenso ist es im wirklichen Okkultismus; nur daß oft die Ungezogenheit besteht, über okkulte Dinge zu urteilen, bevor man sie verstanden hat.

Das ist das Ziel, dem das sechste Zeitalter der Menschheit entgegenstreben wird: die Popularisierung der okkulten Wahrheit im weitesten Umkreise. Das ist die Mission dieses Zeitalters. Und diejenige Gesellschaft, die sich spirituell vereint, hat die Aufgabe, diese okkulte Wahrheit überall hineinzutragen in das Leben und unmittelbar dort anzuwenden. Das ist es ja gerade, was unserem Zeitalter fehlt. Sehen Sie nur, wie unser Zeitalter sucht und wie niemand das Richtige finden kann. Es gibt unzählige Fragen, die Erziehungsfrage, die Frauenfrage, die Medizin, die soziale Frage, die Ernährungsfrage. Und da doktert man herum an diesen Fragen, und zahlreiche Artikel und Bücher werden geschrieben, und jeder redet von seinem Standpunkte aus, ohne daß er das, was das Zentrale ist, die okkulte Wahrheit, studieren will. Nicht darum handelt es sich, abstrakt etwas zu wissen über geisteswissenschaftliche Wahrheiten, sondern sie unmittelbar hineinzutragen in das Leben, zu studieren die sozialen Fragen, die Erziehungsfragen, ja das ganze Menschenleben vom Standpunkte der wirklichen okkulten Weisheit. — Aber da muß man doch die höchste Weisheit erkennen! könnte man einwenden. Das geht von dem Irrtum aus, als ob man immer das wirklich erkennen müßte, was man im Leben anwendet. Das aber ist nicht nötig; das Erkennen der höchsten Prinzipien kommt oft viel später, als man sie anwendet. Wenn die Menschheit hätte warten wollen mit der Verdauung, bis man die Gesetze der Verdauung erkannt hätte, dann wäre die Entwickelung der Menschheit nicht möglich gewesen. So braucht man auch nicht alle geistigen Gesetze zu erkennen, um die Geisteswissenschaft einfließen zu lassen in das tägliche Leben.

Das gerade ist die Art, wie die rosenkreuzerische Methode das Geistige behandeln will: weniger Abstraktion, dafür die Betrachtung der alltäglichen Lebensfragen. Darauf kommt es nicht an, daß man sagt: Geisteswissenschaft ist Geisteswissenschaft —, sondern daß man im unmittelbaren Leben ernst damit macht. Glauben Sie, daß das Kind alle grammatischen Regeln der Sprache kennt, wenn es sprechen gelernt hat? Erst lernt es sprechen und dann die Grammatik. Daher muß Wert darauf gelegt werden, daß der Mensch erst mit Hilfe der spirituellen Lehren sich mit dem beschäftigt, was ihn unmittelbar umgibt, ehe er an das geht, was in den höchsten Welten zu finden ist, was über den astralen Plan, über den devachanischen Plan Kenntnis verbreitet. Denn nur dadurch verstehen wir, was in unserer Umgebung existiert und wo wir selber eingreifen müssen. Daher ist es die konkrete Aufgabe, die zerklüftete Menschheit, die aus den alten Bluts- und Stammesverbänden herausgerissen ist, zu verbinden durch die einheitliche okkulte spirituelle Weisheit.

So geht, indem wir uns vom fünften in das sechste und dann in das siebente Zeitalter hinüberentwickeln, der alte Zusammenhang in Stammes- und Blutsverbänden immer mehr verloren. Die Menschheit mischt sich, um sich von geistigen Gesichtspunkten aus zu gruppieren. Es war eine Ungezogenheit, in der Theosophie von den Rassen so zu sprechen, als ob sie immer bleiben würden. Der Begriff der Rasse verliert schon für die nächste Zukunft, womit allerdings Tausende von Jahren gemeint sind, seinen Sinn. Das ewige Reden, daß immer in der Welt sich sieben und sieben Rassen entwickelt hätten, das ist die spekulative Ausdehnung eines Begriffes, der nur für unser Zeitalter nach rückwärts und vorwärts gilt; von der Sehergabe, vom Okkultismus ist das nie gesagt worden. Wie alles entsteht, so sind auch die Rassen entstanden, und wie alles wieder vergeht, werden auch die Rassen wieder vergehen, und jene, die immer nur von Rassen gesprochen haben, die werden sich daran gewöhnen müssen, ihre Begriffe flüssig zu machen. Das ist nur eine Bequemlichkeit! Wenn man ein wenig nur in die Zukunft blickt, gelten schon die Begriffe nicht mehr, die man in der Vergangenheit und Gegenwart angewendet hat. Das ist die Hauptsache, daß der Mensch nicht dasjenige, was er einmal in einen schönen Begriff gebracht hat, nun für eine ewige Weisheit hält. Man wird sich daran gewöhnen müssen, die Begriffe flüssig zu machen, zu erkennen, daß Begriffe sich verändern, und das wird ein Fortschritt sein. Diese Möglichkeit, von starren, dogmatischen Begriffen überzugehen in flüssige, das ist es, was ausgebildet werden muß in denjenigen Menschen, die die Träger der Zukunft sein wollen. Denn so, wie die Zeiten sich ändern, müssen sich auch unsere Begriffe ändern, wenn wir diese Zeiten verstehen wollen.

Jetzt leben die Seelen in einem Menschenleibe, den Sie klar durch die Sinne betrachten. Wodurch ist er entstanden? Er war früher sehr verschieden vom heutigen, ja für unsere heutige materielle Anschauung sogar komisch verschieden, als die Seele heruntergestiegen ist. Die Seele hat Platz genommen in ihm. Wodurch hat der Mensch sich zu der heutigen Gestalt entwickelt? Dadurch, daß die Seele in dem Leibe selbst gearbeitet hat während aller ihrer Verkörperungen. Sie können sich einen Begriff davon machen, wie die Seele am Leibe gearbeitet hat, wenn Sie bedenken, was dem Menschen in unserem materialistischen Zeitalter geblieben ist von der Möglichkeit, an seinem Leibe zu arbeiten. Das, was der Mensch an seinem dichten physischen Leibe arbeiten kann, ist verhältnismäßig recht wenig. Nehmen Sie zum Beispiel wahr, wie Sie heute vorübergehend an dem Leibe und seiner Physiognomie arbeiten. Irgend etwas zum Beispiel verursacht Ihnen Schrecken, Angst. Die Eindrücke von Angst und Furcht machen Sie erblassen. Ihr physisches Aussehen wird ebenfalls verändert durch Schamröte. Das geht wieder vorüber, aber Sie sehen, wie das vor sich geht: es wirkt etwas auf die Seele, so daß die Wirkung sich auf das Blut und auf diesem Umwege auf den physischen Leib, auf Ihr unmittelbares Aussehen erstreckt. Die Wirkung kann noch intensiver sein. Sie wissen, daß Menschen, die ein geistiges Leben führen, es stark in der Hand haben, in ihrer äußeren Physiognomie einen Abdruck zu schaffen von ihrem geistigen Schaffen. Man kann erkennen, ob ein Mensch gedankenvoll oder gedankenlos gelebt hat. So arbeitet der Mensch immer noch an seinem äußeren Ausdruck, und ein Mensch, der edel empfindet, bei dem drückt sich diese Empfindung in edlen Bewegungen aus. Das sind nur geringe Reste von dem, wie durch Jahrtausende hindurch die Menschheit an sich gearbeitet hat.

Während Sie heute das Blut nur in Ihre Wangen hinein- und wieder wegtreiben können, war der Mensch in früherer Zeit ganz unter dem Einfluß einer Bilderwelt, die der Ausdruck einer geistigen Welt war. Das wirkte so, daß der Mensch in viel stärkerem Maße umgestaltend an seinem Organismus arbeiten konnte. Dabei war der Körper auch noch weicher. Es gab eine Zeit, wo man nicht nur die Hand ausstrecken konnte, wo Sie nicht nur mit dem Finger hinzeigen konnten, sondern wo Sie Ihren Willen in Ihre Hand hineinschicken konnten, und Sie konnten die Hand formen, so daß Sie diese Finger als Fortsätze hinausstrecken konnten. Es gab eine Zeit, wo die Füße noch nicht ständig waren, sondern wo der Mensch sie je nach Bedürfnis als Fortsatz aus sich herausgestreckt hat. So hat der Mensch durch die Bilder, die er von der Umwelt empfangen hat, seinen eigenen Leib gebildet. Heute, in unserer materiellen Zeit, ist diese Umgestaltung die denkbar langsamste, aber sie wird wieder schneller vor sich gehen. In der Zukunft wird der Mensch wieder mehr Einfluß bekommen auf seine physische Körperlichkeit. Bei der Betrachtung der Einweihung werden wir sehen, mit welchen Mitteln er diesen Einfluß gewinnt. Wenn er das auch nicht in einem Leben erreichen kann, so wird er doch viel tun können für die nächste Verkörperung.

Der Mensch selbst also ist es, der die zukünftige Gestalt seines Leibes herbeiführen wird. Indem der Mensch immer weicher und weicher wird, das heißt indem er sich absondern wird von den harten Teilen, geht er seiner Zukunft entgegen. Es kommt ein Zeitalter, wo der Mensch wie in verflossener Zeit gleichsam über seinem irdischen Teile leben wird. Dieser Zustand, der Ihrem heutigen Schlafzustande vergleichbar ist, wird alsdann abgelöst werden von einem andern, wo der Mensch seinen Ätherleib wird willkürlich herausziehen können aus seinem physischen Leibe. Es wird gleichsam der dichtere Teil des Menschen hier unten auf Erden sein, und der Mensch wird ihn wie ein Instrument von außen benutzen. Der Mensch wird seinen Leib nicht mehr so an sich tragen, daß er in ihm wohnt, sondern er wird darüber schweben; der Leib selbst wird feiner und dünner geworden sein. Das erscheint heute als ein phantastischer Gedanke, aber man kann es aus den geistigen Gesetzen mit Bestimmtheit wissen, ebenso wie man aus den Gesetzen der Astronomie Sonnen- und Mondfinsternisse für die Zukunft berechnet. Und umgestaltend wird der Mensch vor allen Dingen wirken auf die Hervorbringungskraft. Viele können sich nicht vorstellen, daß je eine andere Fortpflanzungskraft als heute da sein wird. Aber sie wird da sein, die Art der Fortpflanzung wird sich ändern. Alles, was heute Fortpflanzung ist und im Zusammenhang mit diesem Triebe steht, wird in Zukunft an ein anderes Organ übergehen. Dasjenige Organ, das sich heute schon darauf vorbereitet, das zukünftige Fortpflanzungsorgan zu werden, ist der menschliche Kehlkopf. Heute kann er nur Luftschwingungen hervorbringen, er kann nur dasjenige, was in einem Worte liegt, der Luft mitteilen, so daß die Schwingungen dem Worte entsprechend sind. Später wird aus diesem Kehlkopfe nicht nur das Wort in seinem Rhythmus hervordringen, sondern dieses Wort wird vom Menschen durchleuchtet werden, es wird durchdrungen werden vom Stoffe selber. So wie heute das Wort nur zur Luftwelle wird, so wird in Zukunft des Menschen inneres Wesen, sein eigenes Ebenbild, wie es heute im Worte ist, aus dem Kehlkopfe herausdringen. Der Mensch wird aus dem Menschen hervorgehen, der Mensch wird den Menschen aussprechen. Und das wird zukünftig die Geburt eines neuen Menschen sein, daß er ausgesprochen wird von einem anderen Menschen.

Solche Dinge werfen ein bestimmtes Licht auf Erscheinungen, die in unserer Umgebung leben, die Ihnen keine Naturwissenschaft erklären kann. Jene Verwandlung des Fortpflanzungstriebes, die wiederum eine ungeschlechtliche sein wird, übernimmt alsdann die Funktionen der alten Fortpflanzung. Daher tritt beim männlichen Organismus in der Zeit der Geschlechtsreife auch eine Umwandlung des Kehlkopfes ein. Die Stimme wird tiefer. Das weist Sie unmittelbar darauf hin, wie diese beiden Dinge zusammenhängen. So leuchtet der Okkultismus immer wieder in die Tatsachen des Lebens hinein und bringt Licht in die Erscheinungen, für die Ihnen die materialistische Wissenschaft keine Erklärung zu bringen vermag.

Und ebenso, wie dieses Organ des Kehlkopfes umgestaltet werden wird, so wird auch umgestaltet werden das menschliche Herz. Es ist dasjenige Organ, welches mit dem Blutkreislauf in innigem Zusammenhange steht. Nun glaubt die Wissenschaft, daß das Herz eine Art von Pumpe ist. Das ist eine groteske phantastische Vorstellung. Niemals hat der Okkultismus eine solch phantastische Behauptung aufgestellt wie der heutige Materialismus. Das, was die bewegende Kraft des Blutes ist, sind die Gefühle der Seele. Die Seele treibt das Blut, und das Herz bewegt sich, weil es vom Blute getrieben wird. Also genau das Umgekehrte ist wahr von dem, was die materialistische Wissenschaft sagt. Nur kann der Mensch sein Herz heute noch nicht willkürlich leiten; wenn er Angst hat, schlägt es schneller, weil das Gefühl auf das Blut wirkt und dieses die Bewegung des Herzens beschleunigt. Aber das, was der Mensch heute unwillkürlich erleidet, wird er später auf höherer Stufe der Entwickelung in der Gewalt haben. Er wird später sein Blut willkürlich treiben und sein Herz bewegen wie heute die Handmuskeln. Das Herz mit seiner eigentümlichen Konstruktion ist für die heutige Wissenschaft eine Crux, ein Kreuz. Es besitzt quergestreifte Muskelfasern, die sonst nur bei willkürlichen Muskeln gefunden werden. Warum? Weil das Herz heute noch nicht am Ende seiner Entwickelung angelangt, sondern ein Zukunftsorgan ist, weil es ein willkürlicher Muskel werden wird. Daher zeigt es heute schon die Anlage dazu in seinem Bau.

So verändert alles, was in der Seele des Menschen vorgeht, den Bau des menschlichen Organismus. Und wenn Sie sich jetzt den Menschen denken, der imstande ist, durch das ausgesprochene Wort seinesgleichen zu schaffen, dessen Herz zu einem willkürlichen Muskel geworden ist, der auch noch andere Organe verändert haben wird, dann haben Sie eine Vorstellung von der Zukunft des Menschengeschlechtes auf künftigen planetarischen Verkörperungen unserer Erde. Auf unserer Erde wird die Menschheit so weit kommen, wie sie unter dem Einfluß eines Mineralreiches kommen kann. Dieses Mineralreich wird, trotzdem es am letzten entstanden ist, in seiner heutigen Form am ehesten wieder verschwinden. Der Mensch wird dann seinen Leib nicht mehr aus mineralischen Substanzen aufbauen wie heute; der künftige Menschenleib wird sich zunächst nur das eingliedern, was pflanzlicher Substanz ist. Alles, was heute im Menschen mineralisch wirkt, wird verschwinden. Um Ihnen ein grotesk ausschauendes Beispiel zu geben: Heute spuckt der Mensch seinen gewöhnlichen Speichel aus. Es ist ein mineralisches Produkt, denn des Menschen physischer Leib ist ein Ineinanderwirken von mineralischen Vorgängen. Wenn der Mensch seine mineralische Entwickelung vollendet haben wird, wird er nicht mehr einen mineralischen Speichel spucken, sondern dieser Speichel wird pflanzlicher Natur sein, und der Mensch wird sozusagen Blumen spucken. Keine Drüse wird mehr Mineralisches absondern, sondern nur Pflanzliches. Dadurch wird das mineralische Reich überwunden, daß der Mensch sich wieder zum pflanzlichen Dasein entwickelt.

So lebt der Mensch hinüber auf den Jupiter, indem er alles Mineralische ausscheidet und zum pflanzlichen Schaffen übergeht. Und indem er dann später übergeht zum Tierschaffen — es werden ja andere Tiere sein als heute —, wenn sein Herz soweit sein wird, daß es schöpferisch wirken kann, dann wird er in der Tierwelt schaffen, wie er heute im Mineralreich schafft; dann wird der Venuszustand eintreten. Und wenn er dann seinesgleichen schaffen kann, indem er sein Ebenbild spricht, dann ist der Sinn unserer Evolution vollendet, dann ist das Wort: «Lasset uns Menschen schaffen . . .» erfüllt.

Nur dadurch, daß der Mensch diesen Gesichtspunkt beobachtet, daß von der Seele aus umgeschaffen wird der Leib, wird er das Menschengeschlecht wirklich umwandeln. Nur durch ein im okkulten, im spirituellen Sinne gehaltenes Denken wird das eintreten, was beschrieben worden ist als die Umgestaltung des Herzens und des Kehlkopfes. Was die Menschheit heute denkt, das wird sie in der Zukunft sein. Eine Menschheit, die materialistisch denkt, wird furchtbare Wesen in der Zukunft hervorbringen, und eine Menschheit, die spirituelle Gedanken denkt, wirkt so umgestaltend auf den Organismus der Zukunft ein, daß schöne Menschenkörper daraus hervorgehen werden.

Noch ist nicht vollendet, was die materialistische Denkweise bewirkt. Wir haben heute zwei Strömungen, eine große materialistische, welche die ganze Erde erfüllt, und die kleine spirituelle, welche auf wenige Menschen beschränkt ist. Unterscheiden Sie zwischen Seelen- und Rassenentwickelung. Glauben Sie nicht, daß, wenn die Rassen zu einer grotesken Form übergehen, dann auch die Seelen dasselbe tun. Alle materialistisch denkenden Seelen arbeiten an der Hervorbringung böser

Rassen, und was spirituell gearbeitet wird, bewirkt die Hervorbringung einer guten Rasse. So wie die Menschheit hervorgebracht hat das, was sich zurückgebildet hat als Tiere, Pflanzen und Mineralien, so wird ein Teil sich abspalten und den bösen Teil der Menschheit darstellen, und in dem mittlerweile weich gewordenen Leibe wird sich äußerlich ausdrücken die innerliche Bösheit der Seele. So wie ältere Zustände, die zum Affengeschlechte heruntergestiegen sind, uns heute grotesk erscheinen, so bleiben materialistische Rassen auf dem Standpunkte der Bösheit und werden als böse Rassen die Erde bevölkern. Es wird ganz bei der Menschheit liegen, ob eine Seele bleiben will bei der bösen Rasse oder hinaufsteigen will durch eine spirituelle Kultur zu einer guten.

Das sind Dinge, die wir wissen müssen, wenn wir mit wirklicher Erkenntnis in die Zukunft hineinleben wollen. Sonst gehen wir mit verbundenen Augen durch die Welt, denn es arbeiten Kräfte in der Menschheit, die man erkennen muß und die man beachten muß, und derjenige würde seine Pflicht an der Menschheit versäumen, der sich nicht bekannt machen wollte mit den Kräften, die nach der einen oder der anderen Seite gehen. Das Erkennen um des Erkennens willen wäre Egoismus. Wer erkennen will, um hineinzuschauen in die höheren Welten, der handelt egoistisch. Wer aber diese Erkenntnis hineintragen will in die unmittelbare Praxis des täglichen Lebens, der arbeitet an der Fortentwickelung der kommenden Evolution der Menschheit. Das ist außerordentlich bedeutsam, daß wir immer mehr und mehr lernen, in die Praxis umzusetzen, was als geisteswissenschaftliche Anschauung existiert.

So sehen Sie, daß die spirituelle Bewegung ein ganz bestimmtes Ziel hat, nämlich die künftige Menschheit vorauszugestalten. Dieses Ziel kann nicht anders erreicht werden als durch die Aufnahme der spirituellen okkulten Weisheit. So denkt derjenige, der Geisteswissenschaft als die große Aufgabe der Menschheit erfaßt. Er denkt sie im Zusammenhange mit der Entwickelung, und er betrachtet sie nicht als Begierde, sondern als eine Pflicht, die er erkannt hat. Und je mehr wir das anerkennen, desto rascher gehen wir der zukünftigen Gestaltung der Menschheit im sechsten Zeitalter entgegen. Wie damals in der alten Atlantis, in der Nähe des heutigen Irland, die fortgeschrittenen Menschen nach Osten gezogen sind, um die neuen Kulturen zu begründen, so haben wir die Aufgabe jetzt, hinzuarbeiten auf den großen Moment im sechsten Zeitalter, wo die Menschheit einen großen spirituellen Aufstieg unternehmen wird.

Wir müssen versuchen, wieder herauszukommen aus dem Materialismus, und so müssen spirituelle Gesellschaften daran denken, eine solche führende Rolle zu spielen in der Menschheit, nicht aus Unbescheidenheit und Hochmut, sondern aus Pflicht. So muß eine gewisse Gruppe von Menschen zusammengehen, um die Zukunft vorzubereiten. Aber nicht örtlich ist dies Zusammengehen aufzufassen. Alle Begriffe von Örtlichkeit haben dann ihren Sinn verloren, weil es sich nicht mehr um Stammesverwandtschaften handelt; sondern darauf kommt es an, daß sich auf der ganzen Erde die Menschen spirituell zusammenfinden, um die Zukunft positiv zu gestalten. Deshalb wurde, als unser Zeitalter am tiefsten in die Materie hineinsegelte, vor vierhundert Jahren von der Bruderschaft der Rosenkreuzer jene praktische geistige Wissenschaft begründet, die über alle Fragen des alltäglichen Lebens Bescheid geben will. Da haben Sie die aufsteigende Entwickelung zu der absteigenden.

Ebenso, wie die alte Erkenntnis zersetzend wirkt, wie es sich in der «Kritik der Sprache» von Mauthner zeigt, so sucht die spirituelle Richtung das einigende Band der spirituellen Weisheit. Daher die neue Einweihungsschulung, die direkt rechnet mit dem Hinüberleiten der Menschheit in einen neuen Zeitenzyklus. So verbindet sich das Prinzip der Menschheitsentwickelung mit dem Begriff der Einweihung.

# VIERZEHNTER VORTRAG
München, 6. Juni 1907

Heute wollen wir noch von dem Prinzip der Einweihung oder der esoterischen Schulung sprechen. Und zwar wollen wir von den beiden Methoden der Schulung sprechen, welche vor allen Dingen dasjenige in Betracht ziehen, was hier über die Entwickelung der Menschheit auseinandergesetzt worden ist; denn man muß sich klarmachen, daß man in einer gewissen Weise die Wahrheit findet in einem Sich-zurück-Versetzen in frühere Menschheitszustände.

Es ist gesagt worden, daß die Menschen der alten Atlantis aus allem, was sie umgab, Weisheit wahrnehmen konnten. Je weiter wir zurückgehen in urferne Vergangenheiten, desto mehr finden wir Bewußtseinszustände, durch welche die Menschen imstande waren, die schaffenden Kräfte, welche die Welt durchziehen, die geistigen Wesenheiten, die uns umgeben, wahrzunehmen. Alles, was uns umgibt, ist entstanden durch diese schaffenden Wesenheiten, und sie sehen heißt eben erkennen.

Als die Menschheit sich herausentwickelt hatte zu unserem gegenwärtigen Bewußtseinszustande, eigentlich erst während unseres fünften nachatlantischen Zeitalters, da fühlte sie in der Seele die Sehnsucht, wiederum einzudringen in die geistigen Reiche. Und ich habe Ihnen gesagt, wie in dem alten indischen Volke jene tiefe Sehnsucht ursprünglich lebte, hinter allem, was uns in der Welt umgibt, das eigentlich Geistige zu erkennen, wie bei ihm die Anschauung entstand: Alles, was uns umgibt, ist ein Traum, eine Illusion; unsere einzige Aufgabe ist, uns hinaufzuentwickeln zu der alten Weisheit, die geschaffen und gewirkt hat in alten Zeiten. — Die Schüler der alten Rischis haben getrachtet, den Weg anzutreten, der sie durch Yoga dahin brachte, hinaufzuschauen in die Reiche, aus denen sie selbst heruntergestiegen waren. Von Maja fort strebten sie hinauf in diese geistigen Reiche.

Das ist der eine Weg, den der Mensch machen kann. Der neueste Weg, den es gibt, um zu der Weisheit emporzusteigen, ist der Rosenkreuzer-Weg. Dieser Weg weist den Menschen nicht in die Vergangenheit, sondern in die Zukunft, in diejenigen Zustände, die der Mensch wiederum durchleben wird. Es wird gelehrt, durch bestimmte Methoden die Weisheit, die im Menschen veranlagt ist, aus sich selbst zu entwickeln. Das ist der Weg, der gegeben wurde durch den Begründer der rosenkreuzerischen esoterischen Bewegung, äußerlich Christian Rosenkreutz genannt. Nicht ein unchristlicher Weg ist das; er ist nur ein für die modernen Verhältnisse eingerichteter christlicher Weg, der zwischen dem eigentlichen christlichen und dem Yogaweg liegt.

Dieser Weg hat sich zum Teil schon lange vor dem Christentum vorbereitet. Er nahm eine besondere Gestalt an durch jenen großen Eingeweihten, der in der esoterischen Schule des *Paulus* zu Athen als *Dionysius der Areopagite* jene Schulung begründete, aus der alle spätere esoterische Weisheit und Schulung hervorgegangen ist.

Das sind die beiden vorzugsweise für das Abendland gangbaren Wege der esoterischen Schulung. Alles, was mit unserer Kultur und dem Leben, das wir führen und das wir führen müssen, zusammenhängt, alles das wird erhöht und bis zu dem Prinzip der Einweihung erhoben durch die christliche und durch die rosenkreuzerische Schulung. Der rein christliche Weg ist für den heutigen Menschen etwas schwer; daher ist der rosenkreuzerische Weg eingeführt worden für den Menschen, der in der Gegenwart leben muß. Wer den alten, rein christlichen Weg inmitten des modernen Lebens gehen will, der muß die Möglichkeit haben, sich für eine Zeitlang loslösen zu können von dem äußeren Leben, um nachher wieder um so intensiver hineinzutreten in dieses Leben. Den rosenkreuzerischen Weg aber kann ein jeder gehen, in welchem Berufe und in welcher Lebenssphäre er auch stehen mag.

Wir wollen den rein christlichen Weg charakterisieren. Er ist der Methode nach in dem tiefsten christlichen Buche, das von den Vertretern der christlichen Theologie am wenigsten verstanden wird, im Johannes-Evangelium, vorgeschrieben, und dem Inhalte nach in der Apokalypse oder geheimen Offenbarung.

Das Johannes-Evangelium ist ein wunderbares Buch; man muß es leben, nicht bloß lesen. Man kann es leben, indem man sich darüber klar ist, daß das, was darinnen steht, Vorschriften sind für das innere Leben und daß man sie in der richtigen Weise beobachten muß. Der christliche

Weg verlangt von seinem Zögling, daß er das Johannes-Evangeliums als ein Meditationsbuch ansieht. Eine Grundvoraussetzung, die bei der Rosenkreuzer-Schulung mehr oder weniger fortfällt, ist die, daß man den strengsten Glauben hat an die Persönlichkeit des Christus Jesus. Man muß wenigstens die Möglichkeit des Glaubens in sich tragen, daß diese höchste Individualität, dieser Führer der Feuergeister der Sonnenzeit, als Jesus von Nazareth physisch verkörpert war; daß das nicht nur «der schlichte Mann aus Nazareth» war, nicht eine Individualität ähnlich wie Sokrates, Plato oder Pythagoras. Man muß seine grundsätzliche Verschiedenheit von allen andern einsehen. Den Gottmenschen einzigartiger Natur muß man in ihm festhalten, wenn man eine rein christliche Schulung durchmachen will, sonst hat man nicht das richtige Grundgefühl, das weckend in der Seele auftritt. Daher muß man wirklich glauben können an die ersten Worte des Johannes-Evangeliums: «Im Anfang war der Logos, und der Logos war bei Gott, und ein Gott war der Logos» bis zu den Worten: «Und der Logos ward Fleisch und hat unter uns gewohnt.» Also derselbe Geist, der der Beherrscher der Feuergeister war, der mit der Umgestaltung der Erde verbunden war, den wir auch den Geist der Erde nennen, der hat wirklich unter uns gewohnt in einer fleischlichen Hülle, er war wirklich darinnen in einem physischen Leibe. Das muß man anerkennen. Kann man das nicht, dann mache man lieber eine andere Schulung durch. Wer aber in dieser Grundvoraussetzung sich die Worte des Johannes-Evangeliums bis zu der Stelle: «voller Hingabe und Wahrheit» jeden Morgen durch Wochen und Monate hindurch meditativ vor die Seele ruft, und zwar so, daß er sie nicht nur versteht, sondern daß er darin lebt, für den werden sie eine weckende Kraft für die Seele haben; denn dies sind nicht gewöhnliche Worte, sondern weckende Kräfte, die in der Seele andere Kräfte hervorrufen. Nur muß der Schüler die Geduld haben, sie immer wieder, jeden Tag, vor die Seele zu rufen. Dann werden die Kräfte, die die christliche Schulung braucht, durch Erweckung ganz bestimmter Gefühle wachgerufen. Der christliche Weg ist mehr ein innerlicher, während in der Rosenkreuzer-Schulung die Empfindungen an der Außenwelt entzündet werden.

Der christliche Weg ist ein Weg durch Wachrufen von Gefühlen. Es

154

sind sieben Stufen von Gefühlen, die wachgerufen werden müssen. Dazu kommen andere Übungen, die nur von Mensch zu Mensch gegeben werden und auf den einzelnen Charakter zugeschnitten sind. Unerläßlich ist es aber, das 13. Kapitel des Johannes-Evangeliums zu erleben, so zu erleben, wie ich es jetzt schildern will. Der Lehrer sagt zum Schüler: Du mußt ganz bestimmte Gefühle in dir ausbilden. Stelle dir vor: Die Pflanze wächst heraus aus dem Erdboden. Sie ist höher als der mineralische Erdboden, aus dem sie herauswächst, aber sie braucht ihn. Sie, das Höhere, könnte nicht sein ohne das Niedere. Und wenn die Pflanze denken könnte, so müßte sie zur Erde sagen: Zwar bin ich höher als du, doch ohne dich kann ich nicht sein — und dankbar müßte sie sich zu ihr hinneigen. Ebenso müßte es das Tier der Pflanze gegenüber tun, denn ohne Pflanze könnte es nicht sein, und ebenso der Mensch dem Tier gegenüber. Und wenn der Mensch höher gestiegen sein wird, dann muß er sich sagen: Niemals könnte ich auf meiner Stufe stehen ohne die niedere. Dankbar muß er sich neigen gegen sie, denn sie hat es ihm möglich gemacht, daß er bestehen kann. Kein Wesen auf der Welt könnte bestehen ohne das Niedere, dem es dankbar sein müßte. So auch könnte der Christus, das Höchste, nicht bestehen ohne die Zwölfe, und gewaltig ist das Gefühl des sich dankbar zu ihnen Hinneigens dargestellt im 13. Kapitel des Johannes-Evangeliums: Er, der Höchste, wäscht seinen Jüngern die Füße.

Wenn man sich dies als Grundgefühl in der Menschenseele erwachend denkt, wenn der Schüler wochen- und monatelang in Betrachtungen und Kontemplationen lebt, die ihm dieses Grundgefühl in der Seele vertiefen, wie dankbar das Höhere herunterschauen soll zum Niederen, das es ihm möglich macht zu leben, dann erweckt man ein erstes Grundgefühl, und man hat es genügend durchkostet in dem Moment, wo gewisse Symptome auftreten: ein äußeres Symptom und eine innere Vision. Das äußere Symptom ist, daß der Mensch seine Füße wie von Wasser umspült fühlt; in einer inneren Vision sieht er sich selbst als Christus den Zwölfen die Füße waschen. Das ist die erste Stufe, die der Fußwaschung. Das ist nicht nur ein historisches Ereignis; ein jeder kann es erleben, das Ereignis des 13. Kapitels des Johannes-Evangeliums. Es ist ein äußerer symptomatischer Ausdruck dafür, daß der Mensch in seiner Gefühlswelt so weit hinaufgestiegen ist, um das erleben zu können, und er kann nicht in seiner Gefühlswelt so weit hinaufsteigen, ohne daß dieses Symptom auftritt.

Die zweite Stufe, die Geißelung, macht man durch, wenn man sich in folgendes vertieft: Wie wird es dir ergehen, wenn von allen Seiten die Schmerzen und Geißelhiebe des Lebens auf dich einstürmen? Aufrecht sollst du stehen, stärken sollst du dich gegen alles, was das Leben an Leiden bietet, und ertragen sollst du es. — Das ist das zweite Grundgefühl, das durchgemacht werden muß. Das äußere Gefühl dafür ist ein Jucken und Zucken an allen Stellen des äußeren Leibes, und ein mehr innerer Ausdruck ist eine Vision, in der man sich selbst gegeißelt sieht, zuerst im Traum, dann visionär.

Dann kommt das dritte, das ist die Dornenkrönung. Da muß man wochen- und monatelang die Empfindung durchmachen: Wie wird es dir ergehen, wenn du nicht nur die Leiden und Schmerzen des Lebens durchmachen sollst, sondern wenn sogar das Heiligste, deine geistige Wesenheit, dir mit Spott und Hohn übergossen wird? — Und wieder darf es kein Klagen sein, sondern klar muß es dem Schüler sein, daß er trotzdem aufrecht stehen muß. Seine innere Stärke-Entwickelung muß es ihm möglich machen, daß er trotz Hohn und Spott aufrecht steht. Was auch immer seine Seele zu vernichten droht, er steht aufrecht! Dann sieht er in einer inneren astralen Vision sich selbst mit der Dornenkrone und empfindet einen äußeren Schmerz am Kopfe. Das ist das Symptom, daß er weit genug in seiner Gefühlswelt vorgeschritten ist, um diese Erfahrungen machen zu dürfen.

Das vierte ist die Kreuzigung. Da muß der Schüler wieder ein ganz bestimmtes Gefühl in sich entwickeln. Heute identifiziert der Mensch seinen Leib mit seinem Ich. Wer die christliche Einweihung durchmachen will, muß sich gewöhnen, seinen Leib so durch die Welt zu tragen, wie man einen fremden Gegenstand, etwa einen Tisch, trägt. Fremd muß ihm sein Leib werden. Wie ein Fremdes trägt er ihn zur Tür hinein, zur Tür hinaus. Wenn der Mensch in diesem Grundgefühl genügend weit vorgeschritten ist, zeigt sich ihm das, was man die Blutsprobe nennt. Gewisse Rötungen der Haut an bestimmten Stellen treten so auf, daß der Mensch die Wundmale Christi hervorrufen kann, an den Händen, den Füßen und an der rechten Seite der Brust. Wenn der Mensch durch die Wärme des Gefühls imstande ist, die Blutprobe in sich zu entwickeln, was das äußere Symptom ist, dann tritt auch das Innere, Astrale ein, daß der Mensch sich selbst gekreuzigt sieht.

Das fünfte ist der mystische Tod. Der Mensch schwingt sich immer mehr und mehr hinauf zu der Empfindung: Ich gehöre in die ganze Welt hinein. Ich bin so wenig ein selbständiges Wesen wie der Finger an meiner Hand. — Eingebettet fühlt er sich in die ganze übrige Welt, wie zu ihr gehörig. Dann erlebt er, als ob alles um ihn herum sich verdüstere, als ob eine schwarze Finsternis ihn einhülle, wie ein Vorhang, der sich um ihn verdichtet. Während dieser Zeit lernt der christlich Einzuweihende alles Leid und alle Schmerzen, alles Böse und alles Unheil, das der Kreatur anhaftet, kennen. Das ist das Hinabsteigen in die Hölle; das muß jeder erleben. Dann tritt etwas ein, wie wenn der Vorhang risse, und der Mensch sieht dann hinein in die geistigen Welten. Das nennt man das Zerreißen des Vorhangs.

Das sechste ist die Grablegung und Auferstehung. Wenn der Mensch so weit ist, muß er sagen können: Ich habe mich schon daran gewöhnt, meinen Leib als ein Fremdes anzusehen, aber jetzt betrachte ich alles auf der Welt als mir so nahestehend wie meinen eigenen Leib, der ja nur aus diesen Stoffen genommen ist. Eine jede Blume, ein jeder Stein steht mir so nahe wie mein Leib. — Dann ist der Mensch in dem Erdenplaneten begraben. Notwendig verbunden ist diese Stufe mit einem neuen Leben, mit dem Sich-vereinigt-Fühlen mit der tiefsten Seele des Planeten, mit der Christus-Seele, die da sagt: Die mein Brot essen, die treten mich mit Füßen.

Das siebente, die Himmelfahrt, läßt sich nicht beschreiben. Man muß eine Seele haben, die nicht mehr darauf angewiesen ist, durch das Instrument des Gehirns zu denken. Um das zu empfinden, was der Betreffende als das, was man Himmelfahrt nennt, durchmacht, muß man eine Seele haben, die dieses Gefühl erleben kann.

Das Durchgehen durch demütig hingebungsvolle Zustände stellt das Wesen der christlichen Einweihung dar. Wer sie so ernsthaftig durchgeht, der erlebt seine Auferstehung in den geistigen Welten. Nicht jeder kann das heute durchführen. Daher ist es notwendig, daß eine andere

Methode besteht, die zu den höheren Welten hinaufführt. Das ist die rosenkreuzerische Methode.

Davon möchte ich auch wiederum sieben Glieder anführen, die ein Bild davon geben sollen, was es innerhalb dieser Schulung gibt. Manches ist davon bereits beschrieben in «Luzifer-Gnosis», manches kann nur innerhalb der Schulung selbst von Mensch zu Mensch gegeben werden, doch muß man sich einen Begriff davon machen, was die Schulung dem Menschen gibt. Sie hat wiederum sieben Stufen, doch nicht nacheinander; es kommt dabei auf die Individualität des Schülers an. Der Lehrer gibt das an, was ihm geeignet erscheint für seinen Schüler, und vieles andere tritt noch dazu, das sich der äußeren Erörterung entzieht.

Die sieben Stufen sind folgende:

1. Studium
2. Imaginative Erkenntnis
3. Inspirierte Erkenntnis oder Lesen der okkulten Schrift
4. Bereitung des Steins der Weisen
5. Entsprechung zwischen Makrokosmos und Mikrokosmos
6. Hineinleben in den Makrokosmos
7. Gottseligkeit

Das Studium im Rosenkreuzer-Sinne ist das Sich-vertiefen-Können in einen solchen Gedankeninhalt, der nicht der physischen Wirklichkeit, sondern der den höheren Welten entnommen ist; das, was man das Leben im reinen Gedanken nennt. Das wird sogar von den heutigen Philosophen meistenteils geleugnet; sie sagen, ein jedes Denken müsse einen gewissen Rest von sinnlicher Anschauung haben. Das ist aber nicht der Fall, denn kein Mensch kann zum Beispiel einen wirklichen Kreis sehen. Einen Kreis muß man im Geiste sehen; auf der Tafel ist er nur eine Anhäufung kleiner Kreideteilchen. Einen wirklichen Kreis kann man nur erlangen, wenn man absieht von allen Beispielen, von der äußeren Wirklichkeit. So ist in der Mathematik das Denken ein übersinnliches. Aber auch in den anderen Dingen der Welt muß man übersinnlich denken lernen, und eine solche Denkweise haben die Eingeweihten immer über das Wesen des Menschen gehabt. Die Rosenkreuzer-Theosophie ist eine solche übersinnliche Erkenntnis, und ihr Studium, wie wir es jetzt getrieben haben, ist die erste Stufe für die

Rosenkreuzer-Schulung selbst. Nicht aus einem äußeren Grunde trage ich die rosenkreuzerische Theosophie vor, sondern weil dies die erste Stufe der rosenkreuzerischen Einweihung ist.

Die Menschen denken wohl oft, es sei unnötig, über die Glieder der Menschennatur oder die Evolution der Menschheit oder die verschiedenen planetarischen Entwickelungen zu reden. Sie möchten sich lieber schöne Gefühle aneignen, ernsthaft studieren wollen sie nicht. Doch wenn man sich auch noch so viele schöne Gefühle aneignet in der Seele, es ist unmöglich, dadurch allein in die höheren Welten hinaufzukommen. Nicht Gefühle will die Rosenkreuzer-Theosophie erregen, sondern durch die gewaltigen Tatsachen der geistigen Welten die Gefühle selbst antönen lassen. Als eine Art von Schamlosigkeit empfindet es der Rosenkreuzer, wenn er auf die Menschen losstürmt mit Gefühlen. Er führt sie hinein in den Werdegang der Menschheit in der Voraussetzung, daß die Gefühle dann von selbst entstehen. Er läßt vor ihnen erstehen den wandelnden Planeten im Weltenraume, und wenn die Seele diese Tatsachen erlebt, dann soll sie mächtig ergriffen werden in ihren Gefühlen. Es ist nur eine Herumrederei, wenn man sagt, man solle sich direkt an das Gefühl wenden. Das ist nur eine Bequemlichkeit. Die Rosenkreuzer-Theosophie läßt die Tatsachen sprechen, und wenn diese Gedanken dann in das Gefühl einfließen, es überwältigen, dann ist das der rechte Weg. Nur was der Mensch aus sich selbst empfindet, kann ihn beseligen. Der Rosenkreuzer läßt die Tatsachen im Kosmos sprechen, denn das ist die unpersönlichste Art zu lehren. Es ist ganz gleichgültig, wer vor Ihnen steht, denn nicht durch eine Persönlichkeit sollen Sie ergriffen werden, sondern durch das, was diese Persönlichkeit von den Tatsachen des Weltenwerdens zu Ihnen spricht. Daher ist in der Rosenkreuzer-Schulung jede unmittelbare Verehrung für den Lehrer gestrichen. Er beansprucht sie nicht, er braucht sie nicht. Er will sprechen zum Schüler von dem, was ohne ihn da ist.

Derjenige, der dann hinaufdringen will in die höheren Welten, muß sich an jenes Denken gewöhnen, das einen Gedanken aus dem andern hervorgehen läßt. Ein solches Denken ist entwickelt in meiner «Philosophie der Freiheit» und «Wahrheit und Wissenschaft». Diese Bücher sind nicht so geschrieben, daß man einen Gedanken nehmen und an eine andere Stelle hinsetzen könnte; sie sind vielmehr so geschrieben, wie ein Organismus entsteht; ebenso wächst ein Gedanke aus dem andern hervor. Diese Bücher haben gar nichts zu tun mit dem, der sie geschrieben hat. Er überließ sich dem, was die Gedanken selbst in ihm erarbeiteten, wie sie sich selbst gliederten.

So ist das Studium für den, der es in einer gewissen elementaren Weise absolvieren will, ein Sich-bekannt-Machen mit den elementaren Tatsachen der Geisteswissenschaft selber, während für den, der höher hinauf will, es ein Vertiefen in ein Gedankengebäude ist, das einen Gedanken aus dem andern, aus sich selbst herauswachsen läßt.

Die zweite Stufe ist die imaginative Erkenntnis, die Erkenntnis, die sich angliedert an das, was dem Menschen durch das Denken im Studium übermittelt wird. Das ist die Grundlage; sie muß weiter ausgebildet werden durch die eigene imaginative Erkenntnis. Wenn Sie sich manches klarmachen, was ich Ihnen in den letzten Vorträgen angedeutet habe, dann werden Sie zum Beispiel im Echo Nachklänge von Vorgängen empfinden, die auf dem Saturn gang und gäbe waren. Es gibt eine Möglichkeit, alles um uns herum als Physiognomie für eine innere Geistigkeit anzusehen. Die Menschen gehen über die Erde; sie ist ihnen ein Konglomerat von Felsen und Steinen; aber der Mensch muß begreifen lernen, daß alles um ihn herum der wahre physische Ausdruck für den Geist der Erde ist. Ebenso, wie der Leib durchseelt ist, so ist der Erdenplanet der äußere Ausdruck für einen innewohnenden Geist. Wenn die Menschen so die Erde ansehen wie einen Menschen, mit Leib und Seele, erst dann haben sie einen Begriff von dem, was Goethe gemeint hat, als er sagte: «Alles Vergängliche ist nur ein Gleichnis.» Wenn Sie im Menschenantlitz die Träne herunterperlen sehen, untersuchen Sie nicht mit den Gesetzen der Physik, wie schnell oder wie langsam die Träne herunterperlt, sondern sie ist Ihnen ein Ausdruck für die innere Traurigkeit der Seele, ebenso wie die lächelnde Wange der Ausdruck ist für die innere Heiterkeit der Seele. Der Schüler muß sich dazu erheben, daß er, wenn er über eine Wiese geht, in einer jeden Blume den äußeren Ausdruck eines Lebewesens sieht, den Ausdruck eines inneren Erdengeistes. Wie perlende Tränen kommen ihm manche Blumen vor; andere sind ihm der freudige Ausdruck des Geistes der

Erde. Jeder Stein, jede Pflanze, jede Blume, alles ist ihm der äußere Ausdruck für den inneren Erdengeist, seine Physiognomie, die zu ihm spricht. Und alles Vergängliche wird ihm ein Gleichnis für ein Ewiges, das sich in ihm ausspricht.

So hat der Gralsschüler und Rosenkreuzer empfinden müssen. Man sagte ihm: Sieh dir an den Blumenkelch, der den Sonnenstrahl empfängt. Er ruft die reinen produktiven Kräfte hervor, die in der Pflanze schlummern. Darum wird der Sonnenstrahl die «heilige Liebeslanze» genannt. Blicke nun hin auf den Menschen. Er steht höher als die Pflanze. Er hat dieselben Organe in sich, aber bei ihm ist durchdrungen von unkeuscher Lust und Begierde das, was die Pflanze vollkommen rein und keusch in sich birgt. — Die Zukunft der Menschenentwickelung besteht darin, daß der Mensch wiederum keusch und rein durch ein anderes Organ, das sein umgewandeltes produktives Organ sein wird, sein Ebenbild hinaussprechen wird in die Welt hinein. Keusch und rein, ohne Trieb, ohne Begierde, wie der Blumenkelch sich keusch hinaufwendet zu der heiligen Liebeslanze, wird des Menschen Produktionsorgan sein. Dem geistigen Strahl der Weisheit wird er sich entgegenwenden, und der wird ihn befruchten zur Hervorbringung eines ebenbildlichen Wesens. Der Kehlkopf wird dieses Organ sein. Der Gralsschüler wurde darauf hingewiesen: Die Pflanze auf ihrer niederen Stufe hat diesen keuschen Kelch, der Mensch hat ihn verloren. Er hat sich heruntentwickelt in die unkeusche Begierde. Aus dem vergeistigten Sonnenstrahl soll er ihn wiederum entstehen lassen. In Keuschheit soll er entwickeln dasjenige, was da schafft den heiligen Gral der Zukunft.

So sieht der Schüler zum großen Ideal hinauf. Das, was in langsamer Entwickelung der ganzen Menschheit geschieht, das erlebt der Eingeweihte schon früher. Er zeigt uns die Menschheitsevolution im Bilde, und diese Bilder wirken ganz anders als die abstrakten Begriffe, die das heutige materialistische Zeitalter hervorgebracht hat. Wenn Sie sich diese Entwickelung in solchen hohen und gewaltigen Bildern, wie der Gral eines ist, vorstellen, dann ist die Wirkung eine andere als die der gewöhnlichen Erkenntnis, die keine tiefen Wirkungen auf Ihren Organismus auszuüben vermag. Die imaginative Erkenntnis arbeitet hinunter auf den Ätherleib und wirkt von da auf das Blut, und dieses ist der Vermittler, der umgestaltend wirkt auf den Organismus. Immer fähiger wird der Mensch, durch seinen Ätherleib an seinem Organismus zu arbeiten. Alle imaginative Erkenntnis, die von der Wahrheit ausgeht, ist zu gleicher Zeit gesundend und heilsam; sie macht das Blut in seinem Kreislauf gesund. Der beste Erzieher ist die imaginative Erkenntnis, wenn der Mensch nur stark und hingebungsvoll genug ist, daß sie auf ihn wirken kann.

Die dritte Stufe ist das Lesen der okkulten Schrift, das heißt, nicht nur einzelne Bilder sehen, sondern das Verhältnis dieser verschiedenen Bilder auf sich wirken lassen. Das wird zu dem, was man okkulte Schrift nennt. Man beginnt die Kraftlinien, die schöpferisch durch die Welt gehen, durch die Imagination zu gewissen Figuren und Farbengestaltungen zu ordnen. Man lernt einen inneren Zusammenhang, der in jenen Figuren ausgedrückt ist, empfinden: das wirkt als der geistige Ton, als die Sphärenharmonie, denn jene Figuren sind den wahren Weltverhältnissen nachgebildet. Unsere Schrift ist ein letzter dekadenter Rest dieser alten okkulten Schrift und ihr nachgebildet.

Zu dem vierten, «Bereitung des Steins der Weisen», kommt der Mensch durch Übungen des Atmungsprozesses. Wenn der Mensch so atmet, wie der Naturprozeß es ihm vorgeschrieben, dann braucht er die Pflanze zum Atmen. Wenn die Pflanze nicht da wäre, könnte er nicht leben, denn die Pflanze gibt ihm den Sauerstoff und assimiliert den Kohlenstoff, den er selbst ausatmet. Die Pflanze baut den eigenen Organismus daraus auf und gibt den Sauerstoff zurück, so daß dem Menschen der Sauerstoff immer erneuert wird durch die Pflanzenwelt. Die Menschheit könnte nicht für sich selbst bestehen; streichen Sie die Pflanzenwelt weg, und die Menschheit stürbe in kurzer Zeit aus. Sie sehen so den Kreislauf: Sie atmen den Sauerstoff ein, den die Pflanze ausatmet. Sie atmen aus Kohlenstoff, den die Pflanze einatmet und aus dem sie ihre eigene Körperlichkeit aufbaut. So gehört die Pflanze zu mir; sie ist das Werkzeug, das mir das Leben erhält. Wie sich die Pflanze aus dem Kohlenstoff den Leib aufbaut, sehen Sie in den Steinkohlen, denn nichts anderes als Leichname von Pflanzen sind sie.

Die Rosenkreuzer-Schulung leitet in einem bestimmt geregelten Atmungsprozeß den Menschen an, dasjenige Organ auszubilden, das in ihm selbst die Umwandlung des Kohlenstoffes in Sauerstoff bewirken kann. Was die Pflanze heute draußen macht, wird später durch ein Organ der Zukunft, das der Mensch durch die Schulung jetzt schon in sich ausbildet, in ihm selbst bewirkt. Das bereitet sich langsam vor. Durch den geregelten Atmungsprozeß wird der Mensch das Instrument zur Bereitung des Sauerstoffs selbst in sich tragen. Er wird mit der Pflanze ein Wesen geworden sein, während er jetzt mineralisch ist. Er behält den Kohlenstoff in sich und baut seinen eigenen Leib damit auf. Daher wird sein Leib später ein mehr der Pflanze ähnlicher sein; dann kann er zusammentreffen mit der heiligen Liebeslanze. Die ganze Menschheit wird dann ein Bewußtsein in sich haben, wie es heute der Eingeweihte sich erwirbt, wenn er in die höheren Welten sich erhebt. Das nennt man die Umwandlung der menschlichen Substanz in diejenige Substanz, deren Grundlage der Kohlenstoff selbst ist. Das ist die Alchemie, die dazu führt, daß er seinen eigenen Leib ähnlich aufbauen wird wie heute die Pflanze. Man nennt das die Bereitung des «Steins der Weisen», und die Kohle ist das äußere Symbolum dafür. Aber erst dann ist sie der «Stein der Weisen», wenn der Mensch durch seinen geregelten Atmungsprozeß ihn selbst wird erzeugen können. Die Lehre kann nur von Mensch zu Mensch mitgeteilt werden; sie ist in ein tiefes Mysterium eingehüllt, und erst nachdem er ganz geläutert und gereinigt ist, kann der Schüler dieses Mysterium empfangen. Würde man es heute öffentlich kundgeben, dann würden die Menschen in ihrem Egoismus mit diesem höchsten Geheimnisse die niedersten Bedürfnisse befriedigen.

Das fünfte ist die Entsprechung von Makrokosmos und Mikrokosmos. Wenn wir den Werdegang der Menschheit überblicken, dann sehen wir, daß das, was heute im Menschen ist, nach und nach von außen hinein gebildet worden ist, zum Beispiel die Drüsen wuchsen ja auf der Sonne draußen wie heute die Schwämme. Alles, was heute in die menschliche Haut eingegliedert ist, war so einstmals draußen. Der menschliche Leib ist wie zusammengestückt aus dem, was draußen ausgebreitet war. Ein jedes Glied Ihres physischen Leibes, Ätherleibes und Astralleibes war irgendwo draußen in der Welt. Das ist der Makrokosmos im Mikrokosmos. Ihre Seele selbst war ja draußen in der Gottheit. Was in uns ist, entspricht einem Ding, das draußen ist, und wir müssen diese richtigen Entsprechungen in uns erfahren.

Sie kennen die Stelle vorn an der Stirn, oberhalb der Nasenwurzel; sie drückt aus, daß etwas Bestimmtes, das früher draußen war, in den Menschen eingezogen ist. Wenn Sie dieses Organ meditativ durchdringen, sich hineinversenken, dann bedeutet das mehr als ein bloßes Hineinbrüten in diesen Punkt; dann lernen sie den Teil der äußeren Welt, der ihm entspricht, kennen. Auch den Kehlkopf und die Kräfte, die ihn gebaut haben, lernen Sie so kennen. So lernen Sie den Makrokosmos kennen durch Versenkung in Ihren eigenen Leib.

Das ist kein In-sich-Hineinbrüten. Nicht sollen Sie sagen: Drinnen ist der Gott, den will ich suchen! — Sie würden nur den kleinen Menschen finden, den Sie selbst zum Gott aufbauschen. Wer nur von diesem Hineinbrüten spricht, kommt niemals zur wirklichen Erkenntnis. Zu dieser zu kommen auf dem Wege der rosenkreuzerischen Theosophie, ist unbequemer und erfordert konkretes Arbeiten. Die Welt ist voller Herrlichkeiten und Großartigkeiten. Man muß sich in sie vertiefen; man muß den Gott in seinen Einzelheiten kennen, dann kann man ihn in sich selbst finden, und dann lernt man den Gott erst in der Ganzheit kennen. Die Welt ist wie ein großes Buch. In den Schöpfungen haben wir die Buchstaben dafür; die müssen wir lesen von Anfang bis zu Ende: dann lernen wir das Buch Mikrokosmos und das Buch Makrokosmos von Anfang bis zu Ende lesen. Und das ist dann kein bloßes Verstehen mehr; es lebt sich aus in Gefühlen, es schmilzt den Menschen zusammen mit der ganzen Welt, und er empfindet alle Dinge als den Ausdruck des göttlichen Geistes der Erde. Ist der Mensch so weit, dann handelt er ganz von selbst aus dem Willen des ganzen Kosmos heraus, und das ist die Gottseligkeit.

Wenn wir imstande sind, so zu denken, dann gehen wir den Rosenkreuzer-Weg. Die christliche Schulung baut mehr auf das Gefühl, das im Innern ausgebildet wird; die rosenkreuzerische Schulung läßt auf uns wirken, was in der physischen Wirklichkeit ausgebreitet ist als die Göttlichkeit der Erde, und läßt es in Empfindung ausklingen. Das sind zwei Wege, die für jeden gangbar sind. Wenn Sie so denken, wie man in der Gegenwart denkt, dann können Sie den Rosenkreuzer-Weg gehen, wenn Sie auch noch so wissenschaftlich sind. Die moderne Wissenschaft ist sogar ein Hilfsmittel, wenn Sie den Werdegang der Welten nicht nur in Buchstaben verfolgen, sondern auch in dem suchen, was dahinter verborgen ist, ebenso wie man in einem Buche auch nicht die Buchstaben anschaut, sondern den Sinn herausliest. Sie müssen den Geist suchen hinter der Wissenschaft, dann ist Ihnen die Wissenschaft nur der Buchstabe für den Geist.

Alles dies soll nicht ein umfassender Begriff für die Rosenkreuzer-Schulung sein; es sollen nur Andeutungen sein, die eine Ahnung von dem geben, was in ihr gefunden werden kann. Es ist ein Weg für den Gegenwartsmenschen; er macht ihn geeignet, in die Zukunft hineinzuwirken. Dies sind nur die Elementarstufen, um den Weg zu charakterisieren. Wir bekommen so einen Begriff, wie man durch die Rosenkreuzer-Methode selbst eindringen kann in die höheren Geheimnisse.

Die Geisteswissenschaft ist der Menschheit notwendig zu ihrem ferneren Fortschritt. Das, was geschehen soll zur Umwandlung der Menschheit, muß durch die Menschen selbst herbeigeführt werden. Wer in der jetzigen Inkarnation die Wahrheit aufnimmt, der wird sich in späteren Inkarnationen die äußere Gestalt für die tieferen Wahrheiten selbst ausgestalten.

So gliedert sich das, was wir in diesem Kursus durchgesprochen haben, zu einem Ganzen zusammen. Es ist das Instrument, das schaffend für die Zukunftskultur sein soll. Es wird heute gelehrt, weil der Mensch der Zukunft diese Lehren braucht, weil sie eingeführt werden müssen in den Entwickelungsgang der Menschheit. Ein jeder, der diese Zukunftswahrheit nicht aufnehmen will, lebt auf Kosten der andern. Aber der lebt für die andern, der sie aufnimmt, selbst wenn ihn zuerst eine egoistische Sehnsucht nach den höheren Welten treibt. Ist nur der Weg der richtige, dann ist er von selbst der Vertilger der Sehnsucht und der beste Erzeuger der Selbstlosigkeit.

Die Menschheit braucht jetzt die okkulte Entwickelung, und sie muß ihr eingeimpft werden. Ein ernstes, wahres, von Ding zu Ding gehendes Wahrheitsstreben, das allein führt zu wahrer Brüderlichkeit, das ist der größte Einigungszauberer der Menschheit. Das soll als Mittel dienen, das große Endziel der Menschheit, die Einheit, herbeizuführen, und dieses Ziel werden wir erreichen, wenn wir die Mittel dazu in uns ausbilden, wenn wir suchen, in der edelsten und schönsten Weise diese Mittel uns zu erarbeiten, denn es kommt an auf die Heiligung der Menschheit durch diese Mittel.

So erscheint uns die Geisteswissenschaft nicht nur als ein großes Ideal, sondern als eine Kraft, mit der wir uns durchdringen, und aus dieser Kraft quillt uns die Erkenntnis. Die Geisteswissenschaft wird immer mehr eine populäre Angelegenheit werden, sie wird immer mehr alle religiösen und praktischen Seiten des Lebens durchdringen, ebenso wie das große Gesetz des Daseins alle Wesen durchdringt; sie ist ein Faktor in der Menschheitsentwickelung.

In diesem Sinne wurde die rosenkreuzerische Theosophie hier vorgetragen. Ist sie verstanden worden, nicht nur in der Abstraktion, sondern so, daß sie durch die Gefühle Erkenntnisse herbeigeführt hat, dann kann sie in das Leben unmittelbar hineinwirken. Wenn diese Erkenntnisse in alle unsere Glieder, vom Kopf in das Herz und von da in die Hand, in all unser Tun und Schaffen einfließen, dann haben wir die Grundlage der Geisteswissenschaft erfaßt. Dann haben wir die große Kulturaufgabe erfaßt, die in unsere Hände gelegt ist, und dann entwickeln sich aus diesen Erkenntnissen auch die Gefühle heraus, die ein Bequemerer gern direkt entwickeln möchte.

Die Rosenkreuzer-Theosophie will nicht in Gefühlen schwelgen, sie will die Tatsachen des Geistes Ihnen vor Augen führen. Der Mensch muß mitarbeiten, er muß durch die Tatsachen, die er in der Schilderung empfangen hat, sich anregen lassen, er muß Gefühle und Empfindungen durch dieselben in sich auslösen. In diesem Sinne soll die rosenkreuzerische Theosophie ein mächtiger Impuls für die Gefühlswelt werden, aber zu gleicher Zeit dasjenige sein, was uns in die Tatsachen der übersinnlichen Wahrnehmungen unmittelbar hineinführt, was sie erst gedankenvoll entstehen läßt und dann den Suchenden hinaufführt in die höheren Welten.

Das sollte der Sinn dieser Vorträge sein.

# HINWEISE

*Textgrundlagen:* Von diesen frei gesprochenen Vorträgen Rudolf Steiners liegt nur eine von Camille Wandrey und Walther Vegelahn gemeinsam gefertigte, jedoch nicht wörtliche Nachschrift vor, die von Rudolf Steiner nicht durchgesehen worden ist.

Der *Titel* der Vortragsreihe stammt von Rudolf Steiner.

Die Vorträge sind unmittelbar im Anschluß an den Münchner Kongreß gehalten (siehe «Bilder okkulter Siegel und Säulen. Der Münchner Kongreß Pfingsten 1907 und seine Auswirkungen», GA Bibl.-Nr. 284/285). Die 1. und 2. Auflage wurde von Marie Steiner herausgegeben, die 3. bis zur 5. Auflage von Johann Waeger.

*Werke Rudolf Steiners* innerhalb der Gesamtausgabe (GA) werden in den Hinweisen mit der Bibliographie-Nummer angegeben. Siehe auch die Übersicht am Schluß des Bandes.

zu Seite

12    *Gottfried Wilhelm Freiherr von Leibniz,* 1646–1716, der Begründer der Monadenlehre und der Differential- und Integralrechnung.

      *Gotthold Ephraim Lessing,* 1729–1781, Kritiker, Dichter und Denker. «Die Erziehung des Menschengeschlechtes», 1780.

13    *Johann Wolfgang Goethe,* 1749–1832. Über seine Initiation siehe vor allem Rudolf Steiner, «Das Karma des Berufes des Menschen in Anknüpfung an Goethes Leben» (10 Vorträge Dornach 1916), GA Bibl.-Nr. 172.

      *in dem Gedicht:* «Die Geheimnisse. Ein Weihnachts- und Ostergedicht von Goethe» (Vortrag Köln 1907), Einzelausgabe, Dornach 1977.

      *jene merkwürdige Prosadichtung:* Siehe Rudolf Steiner, «Goethes Geistesart in ihrer Offenbarung durch seinen ‹Faust› und durch das ‹Märchen von der Schlange und der Lilie›» (1918), GA Bibl.-Nr. 22.

21    *Bernoulli:* Gelehrtenfamilie in Basel, Mathematiker.

29    *in dem zweiten apokalyptischen Siegel:* Abgebildet in Rudolf Steiner, «Bilder okkulter Siegel und Säulen. Der Münchner Kongreß Pfingsten 1907 und seine Auswirkungen», GA Bibl.-Nr. 284/285.

32    *hat unbewußt als Anlage entstehen lassen:* Der überlieferte Text nennt hier «Manas, Buddhi, Atma».

45    *W. Scott-Elliot:* Verfasser von «Atlantis» und «The Lost Lemuria».

49    *Adalbert von Chamisso,* 1781–1838, «Peter Schlehmihls wundersame Geschichte», 1814.

60    *Klassen- und Standeshaß:* Sinngemäße Änderung statt «Rassen- und Standeshaß».

**168**

60 *im Japanisch-Russischen Kriege:* 1904–1905.

68 *Fabre d'Olivet,* 1768–825, der Verfasser von «La langue hébraïque restituée», Paris 1816, und «Histoire philosophique du genre humain», 1822.

71 *sagt Faust zu Mephisto:* «Faust», II. Teil, 1. Akt, Finstere Galerie.

72 *an einer Stelle im «Faust»:* I. Teil, Studierzimmer,
   «Wenn man auch Fliegengott, Verderber, Lügner heißt.
   Der Herr der Ratten und der Mäuse,
   Der Fliegen, Frösche, Wanzen, Läuse».

76 *Johann Sebastian Bach,* 1685–1750.

82 *«Blut ist ein ganz besonderer Saft»:* Vortrag vom 25. Oktober 1906, Sonderdruck 1975 aus «Die Erkenntnis des Übersinnlichen in unserer Zeit und deren Bedeutung für das geistige Leben» (13 Vorträge Berlin und Köln 1906/07), GA Bibl.-Nr.55.

97 *die Geister des Egoismus:* In «Die Geheimwissenschaft im Umriß» (1910), GA Bibl.-Nr.13, Geister der Persönlichkeit oder Archai genannt.

101 *das Johannes-Wort:* Joh. 13, Vers 18.

110 *dem achten:* Bei der Aufzählung der Wesensglieder wird der physische Leib als erstes gezählt. Darum wird das hier genannte als das achte bezeichnet. Siehe die Darstellung auf Seite 96–97.

*lunarische Pitri:* So werden sie in der von Indien ausgehenden theosophischen Literatur gewöhnlich genannt, zum Beispiel in der «Geheimlehre» von H. P. Blavatsky.

111 *eine Stelle in Goethes «Faust»:* I. Teil, Studierzimmer, gegen Ende, vor Auerbachs Keller: «Ein bißchen Feuerluft, die ich bereiten werde,
   Hebt uns behend von dieser Erde.»

113 *vor vielen Tausenden von Jahren:* Der überlieferte Text hat hier «Millionen von Jahren».

116 *Fritz Mauthner,* 1849–1923. Seine «Beiträge zu einer Kritik der Sprache» (3 Bde.) erschienen 1901/02.

119 *die Bibel:* I. Buch Mose, 2. Kapitel, Vers 7.

*während Tausenden von Jahren:* Der überlieferte Text hat «Millionen von Jahren».

120 *in den alten Sauriern:* Die versteinerten Überreste der Saurier gehören der Trias-, Jura- und Kreidezeit an, die dem lemurischen Zeitalter der Erde entsprechen.

134 *Laokoongruppe:* Steht jetzt im Belvedere des Vatikan.

135 *«Wer nicht verläßt»:* Lukas 14, 26.

144 *Tausende von Jahren:* Der überlieferte Text hat «Millionen von Jahren».

145 *Jahrtausende:* Der überlieferte Text hat «Jahrmillionen».

148  *Das Herz besitzt:* Vereinfachte Darstellung komplizierter Verhältnisse.

149  *«Lasset uns Menschen schaffen»:* I. Mose 1, 26.

158  *beschrieben in «Luzifer-Gnosis»:* Diese Aufsätze erschienen 1909 als Buch «Wie erlangt man Erkenntnisse der höheren Welten?», GA Bibl.-Nr. 10. Derselbe Schulungsweg findet sich auch beschrieben im Kapitel «Die Erkenntnis der höheren Welten» des Werkes «Die Geheimwissenschaft im Umriß» (1910) GA Bibl.-Nr. 13.

159  *«Die Philosophie der Freiheit»* (1894), GA Bibl.-Nr. 4.

*«Wahrheit und Wissenschaft. Vorspiel einer ‹Philosophie der Freiheit›»* (1892), GA Bibl.-Nr. 3.

160  «Alles Vergängliche / Ist nur ein Gleichnis»: «Faust», II. Teil, Beginn der Schlußstrophe (Chorus mysticus).

# ÜBER DIE VORTRAGSNACHSCHRIFTEN

*Aus Rudolf Steiners Autobiographie*
*«Mein Lebensgang» (35. Kap., 1925)*

Es liegen nun aus meinem anthroposophischen Wirken zwei Ergebnisse vor; erstens meine vor aller Welt veröffentlichten Bücher, zweitens eine große Reihe von Kursen, die zunächst als Privatdruck gedacht und verkäuflich nur an Mitglieder der Theosophischen (später Anthroposophischen) Gesellschaft sein sollten. Es waren dies Nachschriften, die bei den Vorträgen mehr oder weniger gut gemacht worden sind und die – wegen mangelnder Zeit – nicht von mir korrigiert werden konnten. Mir wäre es am liebsten gewesen, wenn mündlich gesprochenes Wort mündlich gesprochenes Wort geblieben wäre. Aber die Mitglieder wollten den Privatdruck der Kurse. Und so kam er zustande. Hätte ich Zeit gehabt, die Dinge zu korrigieren, so hätte vom Anfange an die Einschränkung «Nur für Mitglieder» nicht zu bestehen gebraucht. Jetzt ist sie seit mehr als einem Jahre ja fallen gelassen.

Hier in meinem «Lebensgang» ist notwendig, vor allem zu sagen, wie sich die beiden: meine veröffentlichten Bücher und diese Privatdrucke in das einfügen, was ich als Anthroposophie ausarbeitete.

Wer mein eigenes inneres Ringen und Arbeiten für das Hinstellen der Anthroposophie vor das Bewußtsein der gegenwärtigen Zeit verfolgen will, der muß das an Hand der allgemein veröffentlichten Schriften tun. In ihnen setzte ich mich auch mit alle dem auseinander, was an Erkenntnisstreben in der Zeit vorhanden ist. Da ist gegeben, was sich mir in «geistigem Schauen» immer mehr gestaltete, was zum Gebäude der Anthroposophie – allerdings in vieler Hinsicht in unvollkommener Art – wurde.

Neben diese Forderung, die «Anthroposophie» aufzubauen und dabei nur dem zu dienen, was sich ergab, wenn man Mitteilungen aus der Geist-Welt der allgemeinen Bildungswelt von heute zu übergeben hat, trat nun aber die andere, auch dem voll entgegenzukommen, was aus der Mitgliedschaft heraus als Seelenbedürfnis, als Geistessehnsucht sich offenbarte.

Da war vor allem eine starke Neigung vorhanden, die Evangelien und den Schrift-Inhalt der Bibel überhaupt in dem Lichte dargestellt zu hören, das sich als das anthroposophische ergeben hatte. Man wollte in Kursen über diese der Menschheit gegebenen Offenbarungen hören.

Indem interne Vortragskurse im Sinne dieser Forderung gehalten wurden, kam dazu noch ein anderes. Bei diesen Vorträgen waren nur Mitglieder. Sie waren mit den Anfangs-Mitteilungen aus Anthroposophie bekannt. Man konnte zu ihnen eben so sprechen, wie zu Vorgeschrittenen auf dem Gebiete der Anthroposophie. Die Haltung dieser internen Vorträge war eine solche, wie sie eben in Schriften nicht sein konnte, die ganz für die Öffentlichkeit bestimmt waren.

Ich durfte in internen Kreisen in einer Art über Dinge sprechen, die ich für die öffentliche Darstellung, wenn sie für sie von Anfang an bestimmt gewesen wären, hätte anders gestalten *müssen*.

So liegt in der Zweiheit, den öffentlichen und den privaten Schriften, in der Tat etwas vor, das aus zwei verschiedenen Untergründen stammt. Die ganz öffentlichen Schriften sind das Ergebnis dessen, was in mir rang und arbeitete; in den Privatdrucken ringt und arbeitet die Gesellschaft mit. Ich höre auf die Schwingungen im Seelenleben der Mitgliedschaft, und in meinem lebendigen Drinnenleben in dem, was ich da höre, entsteht die Haltung der Vorträge.

Es ist nirgends auch nur in geringstem Maße etwas gesagt, was nicht reinstes Ergebnis der sich aufbauenden Anthroposophie wäre. Von irgend einer Konzession an Vorurteile oder Vorempfindungen der Mitgliedschaft kann nicht die Rede sein. Wer diese Privatdrucke liest, kann sie im vollsten Sinne eben als das nehmen, was Anthroposophie zu sagen hat. Deshalb konnte ja auch ohne Bedenken, als die Anklagen nach dieser Richtung zu drängend wurden, von der Einrichtung abgegangen werden, diese Drucke nur im Kreise der Mitgliedschaft zu verbreiten. Es wird eben nur hingenommen werden müssen, daß in den von mir nicht nachgesehenen Vorlagen sich Fehlerhaftes findet.

*Ein Urteil über den Inhalt eines solchen Privatdruckes* wird ja allerdings nur demjenigen zugestanden werden können, der kennt, was als Urteils-Voraussetzung angenommen wird. Und das ist für die allermeisten dieser Drucke *mindestens* die anthroposophische Erkenntnis des Menschen, des Kosmos, insofern sein Wesen in der Anthroposophie dargestellt wird, und dessen, was als «anthroposophische Geschichte» in den Mitteilungen aus der Geist-Welt sich findet.

# RUDOLF STEINER GESAMTAUSGABE

Gliederung nach: Rudolf Steiner – Das literarische
und künstlerische Werk. Eine bibliographische Übersicht
(Bibliographie-Nrn. *kursiv* in Klammern)

## A. SCHRIFTEN

*I. Werke*

Goethes Naturwissenschaftliche Schriften, eingeleitet und kommentiert von R. Steiner,
  5 Bände, 1883/97, Neuausgabe 1975, *(1a-e);* separate Ausgabe der Einleitungen, 1925 *(1)*

Grundlinien einer Erkenntnistheorie der Goetheschen Weltanschauung, 1886 *(2)*

Wahrheit und Wissenschaft. Vorspiel einer ‹Philosophie der Freiheit›, 1892 *(3)*

Die Philosophie der Freiheit. Grundzüge einer modernen Weltanschauung, 1894 *(4)*

Friedrich Nietzsche, ein Kämpfer gegen seine Zeit, 1895 *(5)*

Goethes Weltanschauung, 1897 *(6)*

Die Mystik im Aufgange des neuzeitlichen Geisteslebens und ihr Verhältnis zur
  modernen Weltanschauung, 1901 *(7)*

Das Christentum als mystische Tatsache und die Mysterien des Altertums, 1902 *(8)*

Theosophie. Einführung in übersinnliche Welterkenntnis und Menschen-
  bestimmung, 1904 *(9)*

Wie erlangt man Erkenntnisse der höheren Welten? 1904/05 *(10)*

Aus der Akasha-Chronik, 1904/08 *(11)*

Die Stufen der höheren Erkenntnis, 1905/08 *(12)*

Die Geheimwissenschaft im Umriß, 1910 *(13)*

Vier Mysteriendramen: Die Pforte der Einweihung – Die Prüfung der Seele
  Der Hüter der Schwelle – Der Seelen Erwachen, 1910/13 *(14)*

Die geistige Führung des Menschen und der Menschheit, 1911 *(15)*

Anthroposophischer Seelenkalender, 1912 *(in 40)*

Ein Weg zur Selbsterkenntnis des Menschen, 1912 *(16)*

Die Schwelle der geistigen Welt, 1913 *(17)*

Die Rätsel der Philosophie in ihrer Geschichte als Umriß dargestellt, 1914 *(18)*

Vom Menschenrätsel, 1916 *(20)*

Von Seelenrätseln, 1917 *(21)*

Goethes Geistesart in ihrer Offenbarung durch seinen Faust und durch das
  Märchen von der Schlange und der Lilie, 1918 *(22)*

Die Kernpunkte der sozialen Frage in den Lebensnotwendigkeiten
  der Gegenwart und Zukunft, 1919 *(23)*

Aufsätze über die Dreigliederung des sozialen Organismus und zur
  Zeitlage 1915-1921 *(24)*

Kosmologie, Religion und Philosophie, 1922 *(25)*

Anthroposophische Leitsätze, 1924/25 *(26)*

Grundlegendes für eine Erweiterung der Heilkunst nach geisteswissenschaftlichen
  Erkenntnissen, 1925. Von Dr. R. Steiner und Dr. I. Wegman *(27)*

Mein Lebensgang, 1923/25 *(28)*

## II. Gesammelte Aufsätze

Aufsätze zur Dramaturgie 1889-1901 *(29)* – Methodische Grundlagen der Anthroposophie 1884-1901 *(30)* – Aufsätze zur Kultur- und Zeitgeschichte 1887-1901 *(31)* – Aufsätze zur Literatur 1886-1902 *(32)* – Biographien und biographische Skizzen 1894-1905 *(33)* – Aufsätze aus «Lucifer-Gnosis» 1903-1908 *(34)* – Philosophie und Anthroposophie 1904-1918 *(35)* – Aufsätze aus «Das Goetheanum» 1921-1925 *(36)*

## III. Veröffentlichungen aus dem Nachlaß

Briefe – Wahrspruchworte – Bühnenbearbeitungen – Entwürfe zu den Vier Mysteriendramen 1910-1913 – Anthroposophie. Ein Fragment aus dem Jahre 1910 – Gesammelte Skizzen und Fragmente – Aus Notizbüchern und -blättern – *(38-47)*

# B. DAS VORTRAGSWERK

## I. Öffentliche Vorträge

Die Berliner öffentlichen Vortragsreihen, 1903/04 bis 1917/18 *(51-67)* – Öffentliche Vorträge, Vortragsreihen und Hochschulkurse an anderen Orten Europas 1906-1924 *(68-84)*

## II. Vorträge vor Mitgliedern der Anthroposophischen Gesellschaft

Vorträge und Vortragszyklen allgemein-anthroposophischen Inhalts – Christologie und Evangelien-Betrachtungen – Geisteswissenschaftliche Menschenkunde – Kosmische und menschliche Geschichte – Die geistigen Hintergründe der sozialen Frage – Der Mensch in seinem Zusammenhang mit dem Kosmos – Karma-Betrachtungen – *(91-244)*
Vorträge und Schriften zur Geschichte der anthroposophischen Bewegung und der Anthroposophischen Gesellschaft *(251-263)*

## III. Vorträge und Kurse zu einzelnen Lebensgebieten

Vorträge über Kunst: Allgemein-Künstlerisches – Eurythmie – Sprachgestaltung und Dramatische Kunst – Musik – Bildende Künste – Kunstgeschichte – *(271-292)* – Vorträge über Erziehung *(293-311)* – Vorträge über Medizin *(312-319)* – Vorträge über Naturwissenschaft *(320-327)* – Vorträge über das soziale Leben und die Dreigliederung des sozialen Organismus *(328-341)* – Vorträge für die Arbeiter am Goetheanumbau *(347-354)*

# C. DAS KÜNSTLERISCHE WERK

Originalgetreue Wiedergaben von malerischen und graphischen Entwürfen und Skizzen Rudolf Steiners in Kunstmappen oder als Einzelblätter: Entwürfe für die Malerei des Ersten Goetheanum – Schulungsskizzen für Maler – Programmbilder für Eurythmie-Aufführungen – Eurythmieformen – Skizzen zu den Eurythmiefiguren, u.a.

*Die Bände der Rudolf Steiner Gesamtausgabe*
*sind innerhalb einzelner Gruppen einheitlich ausgestattet*
*Jeder Band ist einzeln erhältlich.*